VIETNAM STREET FOOD

70 AUTHENTISCHE REZEPTE

JERRY MAI

FOTOGRAFIE: CHRIS MIDDLETON

CHRISTIAN

EINLEITUNG

Ich wurde Ende der 1970er-Jahre in Vietnam geboren, aber meine Familie zog 1984 nach Australien, und ich kehrte 1992 zum ersten Mal in mein Geburtsland zurück. Damals war ich 15 und überwältigt: unglaubliche Düfte und Geschmackserlebnisse, die Menschen und natürlich der verrückte Verkehr! Es war auch meine erste Begegnung mit vietnamesischem Streetfood – der Beginn einer großen Leidenschaft! Die Straßen waren voller kleiner Stände, wo man die unterschiedlichsten Gerichte bekam, einiges davon hatte ich nie zuvor gesehen. Der Geruch von Holzkohlenfeuer und gegrilltem Fleisch zog mich magisch an.

Auch wenn sich das Land in den letzten 25 Jahren stark verändert hat, das Streetfood ist sich treu geblieben. Ich besuche jedes Jahr verschiedene Landesteile, immer auf der Suche nach neuen Erfahrungen, und ich bin noch nie enttäuscht worden. Für mich als Köchin sind diese Reisen sehr inspirierend, und wenn ich nach Hause zurückkomme, versuche ich, die vielen neuen Eindrücke in meiner Küche zu verarbeiten.

In diesem Buch geht es um meine Liebe zur vietnamesischen Küche. Hier sind all die Gerichte versammelt, nach denen ich mich sehne, wenn ich nicht in Vietnam sein kann, außerdem vieles, was ich in meinen Restaurants auf den Tisch bringe, und nicht zuletzt einige der guten Sachen, die meine Mutter für uns gekocht hat, als ich noch klein war.

Ich durfte auf einem Hocker in der Küche stehen und zusehen, wie sie am Herd stand, um wunderbares Essen für die Familie und Freunde zu kochen. Wenn es zum Abendessen *banh xeo* gab, füllte sich das ganze Haus mit dem Duft von frischen Kräutern und brutzelndem Teig in einem heißen Wok. *Banh xeo,* das war ein bisschen wie die Reise nach Jerusalem: jeder kam an die Reihe und musste einen Pfannkuchen backen. Ich fand es toll, mitzuhelfen und wetteiferte mit meinen Brüdern, wer den besten *banh xeo* hinbekam!

Wenn ich heute meine Mutter besuche und den Duft von *pho* rieche, die auf dem Herd köchelt, weckt das Kindheitserinnerungen, und ich weiß, wie viel Liebe sie hineingesteckt hat. Die Nachricht, dass Mum einen großen Topf von ihrer berühmten Suppe macht, verbreitet sich immer wie ein Lauffeuer in der Familie und im Freundeskreis. Bald sitzen alle am Esstisch, lebhaft im Gespräch, und freuen sich auf eine gute Mahlzeit.

Und es gibt noch eine weitere Suppe, die niemand besser kocht als meine Mutter: *hu tieu nam vang.* Die Zubereitung lernte sie nach dem kambodschanischen Bürgerkrieg in Phnom Penh, wo sie später ein Restaurant eröffnete, das auf diese Nudelsuppe spezialisiert war. Das Rezept finden Sie auf Seite 137.

Meiner Mutter verdanke ich meine Leidenschaft für die Küche. Meine Restaurants sind im Grunde nichts anderes als große Esszimmer, und die Gerichte, die ich koche, gleichen dem Essen meiner Kindheit. Hier pflege ich mein kulinarisches Erbe und die Traditionen, mit denen ich aufgewachsen bin.

Mein erstes Restaurant in Melbourne, *Pho Nom,* ist auf vietnamesisches Streetfood spezialisiert. Die intensive Beschäftigung mit der Küche Südostasiens führte schließlich zur Eröffnung eines zweiten Restaurants, *Annam*, in dem die außerordentliche kulinarische Vielfalt der Region das Angebot bestimmt.

Ein Essen kann Erinnerungen wecken, vielleicht führt es uns in die Kindheit zurück, auf den Schoß der Mutter oder Großmutter; es schickt uns auf eine Reise in die Vergangenheit, um bestimmte Speisen oder Erfahrungen wiederzufinden. Dieses Buch ist randvoll mit meinen persönlichen Erinnerungen, aber ich hoffe, wenn Sie die Rezepte nachkochen, werden sie ein Teil Ihrer Erinnerungen. Lassen Sie es sich schmecken!

ZUTATEN & UTENSILIEN

Auf den folgenden Seiten habe ich aufgelistet, was in keiner vietnamesischen Küche fehlen darf – sowohl Zutaten, die in meinen Rezepten vorkommen, wie auch Küchenutensilien. Die meisten dieser Produkte findet man in jedem Asiamarkt.

Austernsauce (sốt hàu)
Sie besteht aus Austernextrakt, Zucker und Salz, für die richtige Konsistenz sorgt Speisestärke. Großartig in Wokgerichten.

Bananenblüten (bắp chuối)
Die essbare Blüte der Bananenpflanze, auch als Bananenknospe im Handel. Nach dem Entfernen der äußeren Blätter wird das Innere in Scheiben geschnitten.

Cassiarinde (quế)
Ein Gewürz, das ähnlich wie Zimt verwendet wird, um Suppen und Schmorgerichten eine tiefe, erdige Note zu verleihen.

Dünne Eiernudeln (mì trứng)
Ein Erbe der chinesischen Besatzung. Sie werden häufig für Suppen und Wokgerichte verwendet.

Fischsauce (nước mắm)
Dafür lässt man Sardellen mit Meersalz 12–14 Monate fermentieren. Gute Fischsauce ist für die vietnamesische Küche essenziell, ebenso wie gutes Olivenöl für die italienische. Beim Einkauf sollte man auf Markenqualität achten, empfehlenswert sind etwa Dũ Son oder Red Boat. Die besten Produkte stammen aus den Regionen Phú Quốc und Phan Thiết. *Nuoc mam nhi* bezeichnet Fischsauce aus erster Pressung (vergleichbar mit nativem Olivenöl extra) und wird als Dipsauce und für Salate verwendet. Die zweite, preiswertere Pressung wird zum Kochen verwendet. Achten Sie beim Einkauf auf diese Qualitätsunterschiede.

Garnelensauce (mắm ruốc)
In der nordvietnamesischen Küche als Dipsauce, aber auch als Marinade sehr beliebt. Garnelensauce besteht aus zerkleinerten marinierten Garnelen, die lange in Flaschen fermentiert werden.

Glasnudeln (miến)
Dünne, transparente Nudeln aus Stärke und Wasser. Man verwendet sie in Suppen oder zusammen mit Hackfleisch für Füllungen.

Grüne Mango (xoài xanh)
Die unreifen Früchte schmecken sauer, knackig und erfrischend und nur dezent nach Mango. Für Salate oder mit Salz und zerstoßenen Chilischoten als Snack.

Grüne Papaya (đu đủ xanh)
Die unreifen Früchte sollten außen grün und fest sein, das Fruchtfleisch makellos weiß.

Hoisinsauce (sốt tương ngọt)
Eine dicke, süße Sauce aus gesalzenen schwarzen Bohnen, Zwiebeln und Knoblauch, die ursprünglich aus China stammt. In der vietnamesischen Küche wird sie vorwiegend zum Nachwürzen bei Tisch verwendet, aber auch für Fleisch, Geflügel und Meeresfrüchte.

Meisterbrühe (cổ phiếu chính)
Eine Brühe, die immer wieder mit Flüssigkeit aufgefüllt wird, um sie über lange Zeit verwenden zu können. Sie ist vielseitig einsetzbar: für Suppen und zum Pochieren, zum Schmoren von Fleisch und Geflügel. Meisterbrühe besteht aus Hühnerbrühe, heller Sojasauce, dunkler Sojasauce, Kandiszucker, Cassiarinde, Sternanis, Orangenschale und Shaoxing-Reiswein.

Reismehl (bột gạo)
Reismehl besteht aus fein gemahlenen Reiskörnern. In der vietnamesischen Küche wird es für Ausbackteig zum Frittieren genutzt. Ein guter glutenfreier Ersatz für Weizenmehl.

Reisnudeln (bún)
In Vietnam ein Grundnahrungsmittel. Man begegnet ihnen in Suppen, Reispapierröllchen und Salaten. Es gibt verschiedene Stärken, die je nach Gericht verwendet werden. Deshalb immer darauf achten, die richtige Nudel für das jeweilige Rezept zu nehmen.

Reispapier (bánh tráng)
Ebenfalls ein sehr wichtiges Produkt in Vietnam. Trockene Reispapierblätter sind fest und spröde; wenn man sie mit Wasser anfeuchtet, werden sie seidenweich. Man verwendet sie für Reispapierröllchen, gefüllt mit Kräutern, Salatblättern und Reisnudeln. Knusprig frittiert kann man die Blätter wie Cracker essen. Neuerdings werden sie auch gern in Streifen geschnitten und in Salate gegeben.

Sardellensauce (mắm nêm)
Eine recht dickflüssige Sauce aus fermentierten eingesalzenen Sardellen. Sie schmeckt und riecht intensiv und wird in der Regel verdünnt, um daraus eine Dipsauce herzustellen.

Sternanis (cánh hồi)
Das sternförmige Gewürz duftet nach Zimt und Nelken. Man verwendet es für Suppen und Schmorgerichte, aber auch in Marinaden. Es ist eine wichtige Zutat für *pho.*

Wasserspinat (rau muống)
Ein grünes Blattgemüse, das in Wokgerichten Verwendung findet oder zusammen mit anderen Kräutern als Beigabe auf den Tisch kommt. Um die hohlen Stängel in Streifen zu schneiden, benutzt man in Vietnam gern einen sogenannten *morning glory shredder.* Dieses einfache, aber geniale Instrument besteht im Wesentlichen aus einem Metallspieß, etwa 20–30 cm lang, der am Ende einen kleinen Aufsatz trägt, in dem mehrere Klingen befestigt sind. Man schiebt einen Stängel auf den Spieß und durch den Aufsatz hindurch. Von den Klingen wird er in dünne Fäden geschnitten.

Kräuter

Ohne frische Kräuter geht in der vietnamesischen Küche gar nichts. Sie beleben viele Gerichte, in Salaten stellen sie oft die Hauptzutat und zu Suppen und Pfannkuchen kommt ganz bestimmt ein Teller mit frischen Kräutern auf den Tisch.

Betelblätter (lá lốt)
Bittere und süße Noten verbinden sich in Betelblättern. In der vietnamesischen Küche verwendet man sie beispielsweise in Wokgerichten oder um Hackbällchen vor dem Grillen einzuwickeln; sie werden aber auch roh gegessen. Man schreibt den Blättern überdies therapeutischen Nutzen zu; so wird der ausgepresste Saft mit Honig vermischt als Stärkungsmittel verabreicht, die in Senföl eingelegten Blätter werden erwärmt und als Mittel gegen Husten oder Atembeschwerden eingesetzt. Die Blätter dienen ebenfalls als Antiseptikum.

Langer Koriander (ngò gai)
Lange, spitze, gezahnte Blätter, mit intensivem Korianderaroma. Vor allem für *pho* und andere Suppen.

Minze (húng lủi)
Die großen ovalen Blätter mit dem süßen und frischen Aroma werden in Salaten genutzt, aber auch gern zusammen mit anderen Kräutern und Salatblättern auf den Tisch gestellt, sodass sich jeder davon bedienen kann.

Perilla (tía tô)
Je nach Sorte sind die großen gezahnten Blätter grün, dunkelrot oder zweifarbig. Sie schmecken pfeffrig und werden in Salaten, als Beigabe zu Suppen oder in Reispapierröllchen verwendet.

Pfeilblatt (bạc hà)
Die langen, schwammigen Stängel werden gern in Reispapierröllchen gepackt.

Reisfeldpflanze (ngò om)
Kleine ovale Blätter mit Zitrusaroma und einem Hauch von Kreuzkümmel. Unersetzlich für bestimmte Suppen und Salate.

Thai-Basilikum (rau quế)
Keine *pho* ohne dieses Kraut! Thai-Basilikum schmeckt nach Anis und einer Spur Zimt.

Vietnamesischer Koriander (rau răm)
Man erkennt ihn an den langen, spitzen Blättern. Sie schmecken scharf und pfeffrig und werden gern in Salaten und Rindfleischgerichten verwendet.

Küchenausstattung

Für die allermeisten vietnamesischen Gerichte braucht man keine besonderen Gerätschaften. Die folgenden Utensilien finden sich in jeder Küche.

Dämpfkorb aus Bambus
Zum Dämpfen von Fleisch, Kuchen und Desserts. Aromen bleiben erhalten und nichts trocknet aus.

Küchenbeil
Ein schweres Küchenbeil dient zum Zerkleinern von Knochen und großen Fleischstücken, kleinere Beile zum Vorbereiten von Gemüse.

Küchenschere
In vietnamesischen Küchen allgegenwärtig, etwa zum Zerkleinern von Kräutern, Gemüse, Hühnern und Fischen. Gerade, wo man wenig Platz hat – was in vietnamesischen Küchen oft der Fall ist –, lässt sich die Schere einfacher handhaben, man braucht nicht einmal ein Schneidebrett.

Mörser und Stößel
Zum Zerstoßen von Gewürzen, Zitronengras, Chilischoten und Knoblauch. Vom Zerstoßen profitieren Geschmack und Textur.

Wok
Eine große, tiefe Pfanne, zum schnellen Garen bei hoher Temperatur.

HIỆU 3 CON CÁ
Tasty & Delicious 750ml

SNACKS

Snacks spielen in Vietnam eine große Rolle – wir lieben es, tagsüber mal hier, mal da einen Happen zu essen. Am besten schaut man einfach, was die Straßenverkäufer in der Nachbarschaft so im Angebot haben. Viele Händler bieten auf der Straße ihre Spezialitäten an, und das Tolle ist, dass man nicht zwei finden wird, die dasselbe im Programm haben. Zu den beliebtesten Snacks gehören knusprige Pfannkuchen, *bun* (Reisnudeln), allerlei Frittiertes, süße Kuchen, aber auch frische Früchte wie Mangos, Sternfrüchte und Guaven und noch vieles andere mehr, sodass man vom Frühstück über das Mittagessen bis in die tiefe Nacht immer gut versorgt ist.

BÁNH KHỌT

Herzhafte kleine Kokospfannkuchen

Für 4 Personen

Ein großartiger kleiner Snack – außen knusprig, innen opulent und cremig. Zu Hause mache ich diese Pfannkuchen nur sehr selten, und ich weiß nicht einmal, warum. Schwer herzustellen sind sie jedenfalls nicht. Die beste Gelegenheit, um *banh khot* zu essen, ist das Tết-Fest, der vietnamesische Neujahrstag. Dann wird in den Straßen gefeiert, und diese kleinen Pfannkuchen gehören dazu.

425 g Reismehl
1 TL gemahlene Kurkuma
250 ml Kokossahne
1 TL Salz
1 EL Pflanzenöl, plus etwas Öl zum Ausfetten und Braten
25–30 kleine rohe Garnelen, geschält und vom Darm befreit

Zum Servieren

3 EL Garnelenfäden (siehe Seite 213)
Karotten-Rettich-Pickles (siehe Seite 209)
dünne Ringe von einer Bird's-Eye-Chilischote
125 ml *nuoc-mam*-Dipsauce (siehe Seite 206)

1 Reismehl, Kurkuma, Kokossahne und Salz mit 600 ml Wasser in eine Schüssel geben. Das Öl hinzufügen und alles gut verrühren. Der Pfannkuchenteig darf keine Klümpchen aufweisen. Für mindestens 2 Stunden beiseitestellen.

2 Nach der Ruhezeit den Teig einmal gut durchrühren, dann ist er gebrauchsfertig.

3 Eine *banh-khot*-Pfanne (siehe Anmerkung) bei mittlerer Temperatur erhitzen und die Vertiefungen großzügig fetten. Die Vertiefungen bis zum Rand mit Teig füllen, dabei zügig arbeiten, damit die Pfannküchlein gleichzeitig gar werden. Auf jedes Küchlein eine Garnele geben, die Pfanne zudecken und die *banh-khot* 1 Minute garen.

4 Den Deckel abnehmen und den Rand der Pfannkuchen mit etwas Öl beträufeln, damit sie knusprig werden und sich gut aus der Form lösen lassen. Je mehr Öl Sie verwenden, um so knuspriger werden die *banh-khot*. 7–10 Minuten braten, bis der Teig eine schöne gelbe Farbe angenommen hat. Die Pfannkuchen mit einem Löffel aus der Pfanne heben und auf einen Teller legen. Jeweils ½ TL Garnelenfäden, etwas Karotten-Rettich-Pickles und einige Chiliringe draufgeben.

5 Sofort mit der *nuoc-mam*-Sauce zum Dippen oder Beträufeln servieren. Sie schmecken am besten frisch aus der Pfanne. Dann aus dem restlichen Teig weitere *ban khot* backen, bis alle Zutaten aufgebraucht sind.

Anmerkung: Eine *banh-khot*-Pfanne bekommt man im Asialaden oder über das Internet. Gut geeignet ist auch eine holländische Pfanne für Poffertjes. Und im Notfall kann man die kleinen Pfannkuchen sogar in einem Muffinblech backen.

BÁNH XÈO

Für 4 Personen

Knusprige vietnamesische Pfannkuchen

Ihren Namen haben diese Pfannkuchen von dem Geräusch, das der Teig macht, wenn er in die heiße Pfanne gegossen wird (*xeo* bedeutet »zischend«). Ich liebe diese knusprigen kleinen Dinger, und dazu frische, duftende Kräuter. Ich packe gern ein Stückchen *banh xeo* zusammen mit ein paar Kräutern in ein Salatblatt; meine Mutter dagegen bevorzugt Senfkohlblätter. Man rollt alles auf, so gut es geht, und dippt es dann in die Sauce. Im Eifer des Genusses läuft mir auch schon einmal die Sauce den Arm hinunter! Und im Übrigen: nur Anfänger gießen die Sauce auf das Röllchen. Machen Sie es wie die Vietnamesen und dippen Sie!

---

340 g Reismehl
125 ml Kokosmilch
2 TL gemahlene Kurkuma
2 EL Pflanzenöl, plus etwa Öl zum Braten
1 TL Salz
1 Ei
500 g Schweinebauch
16 kleine rohe Garnelen, geschält, vom Darm befreit und längs halbiert
500 g Bohnensprossen

Zum Servieren
Salat- oder Senfkohlblätter
1 Bund vietnamesischer Koriander, Blätter abgezupft
1 Bund Minze, Blätter abgezupft
1 Bund Perilla, Blätter abgezupft
nuoc-mam-Dipsauce (siehe Seite 206)

1 In einer Schüssel das Mehl mit Kokosmilch, Kurkuma, Öl, Salz, Ei und 600 ml Wasser verquirlen. Für 3 Stunden beiseitestellen und ruhen lassen.

2 In einem großen Topf Wasser mit 1 Prise Salz zum Kochen bringen und den Schweinebauch hineingeben. Die Temperatur reduzieren, sodass das Wasser nur noch köchelt, und das Fleisch 40 Minuten garen. Abtropfen lassen und nach dem Abkühlen in dünne Scheiben schneiden.

3 Eine mittelgroße beschichtete Pfanne bei mittlerer bis hoher Temperatur erhitzen. Fünf bis sechs Scheiben Schweinebauch hineingeben und unter Rühren 2–3 Minuten goldbraun anbraten. Etwa 60 ml Pfannkuchenteig dazugießen. Die Pfanne schwenken, um den Teig auf dem Boden der Pfanne und dem Fleisch zu verteilen (den Überschuss zurück in die Schüssel gießen – je dünner der Pfannkuchen, um so knuspriger wird er). Nach 5–7 Minuten sollte die Unterseite des Pfannkuchens goldbraun sein. Jetzt einige Tropfen Öl in die Pfanne geben (so wird der Pfannkuchen noch knuspriger). Den Pfannkuchen mit vier Garnelenhälften und 1 Handvoll Bohnensprossen bestreuen und weitere 2 Minuten braten. Den Pfannkuchen zusammenklappen und weitere 2 Minuten braten. Aus der Pfanne nehmen, auf eine Servierplatte legen und am besten sofort auf den Tisch bringen.

4 Die Salat- oder Senfkohlblätter und die Kräuter auf einen Teller geben und auf den Tisch stellen, damit sich jeder bedienen kann. Jeder reißt sich ein Stück Pfannkuchen ab, legt es auf ein Salatblatt und gibt Kräuter dazu. Dann wird alles aufgerollt und in die *nuoc-mam*-Sauce gedippt.

5 Aus den restlichen Zutaten weitere sieben *banh xeo* backen.

Für 4–5 Personen

BÁNH CUỐN CUA

Seidige Reispfannküchlein mit Krebsfleisch

Diese kleinen Pfannkuchen isst man traditionell zum Frühstück, aber natürlich schmecken sie auch zu jeder anderen Tageszeit. Meine Version hier ist ein bisschen luxuriöser als das, was man in Vietnam üblicherweise frühstückt.

Mit diesem Rezept müssen Sie am Vorabend beginnen, damit der Teig über Nacht ruhen kann.

200 g Reismehl
60 g Klebreismehl
1 EL Pflanzenöl, plus etwas Öl zum Frittieren und Bestreichen
1 Prise Salz

Füllung
2 EL Pflanzenöl
1 TL geriebener Ingwer
2 Knoblauchzehen, gerieben
1 Lauchstange, halbiert und in Scheiben geschnitten
1 EL weiße oder helle Sojasauce
1 TL pulverisierter *kombu*-Extrakt (siehe Anmerkung) oder 1 Prise Meersalz
500 g ausgelöstes Fleisch von einer Spannerkrabbe oder einem Taschenkrebs

Zum Servieren
2 Bird's-Eye-Chilischoten, in dünne Ringe geschnitten
Röstzwiebeln (siehe Seite 212)
nuoc-mam-Dipsauce (siehe Seite 206)
180 g blanchierte Bohnensprossen
1 Bund Minze, Blätter abgezupft
1 Bund Thai-Basilikum, Blätter abgezupft

1 Reis- und Klebreismehl in einer großen Schüssel mit Öl, Salz und 600 ml Wasser gründlich verquirlen. Beiseitestellen und über Nacht ruhen lassen.

2 Für die Füllung das Öl in einem Wok oder einer großen Pfanne bei mittlerer bis hoher Temperatur erhitzen. Ingwer, Knoblauch und Lauch hineingeben und unter Rühren 2–3 Minuten braten, bis alles duftet und weich ist. Mit Sojasauce und *kombu*-Extrakt würzen. Das Krebsfleisch dazugeben und 3 Minuten mitbraten, dabei alles gut vermischen. Vom Herd nehmen und zum Abkühlen beiseitestellen.

3 In einer Pfanne mit 15 cm Durchmesser (für die es einen passenden Deckel gibt) bei niedriger Temperatur 1 TL Öl erhitzen. 3 EL Teig hineingeben und die Pfanne schwenken, damit er sich gut verteilt. Einen Deckel auflegen und den Pfannkuchen 3–5 Minuten braten, bis er durchgegart ist. Einen Teller mit Öl bestreichen und den fertigen Pfannkuchen daraufstürzen. Etwas von der Füllung dazugeben und den Pfannkuchen aufrollen. (Mir gelingen diese Küchlein in der Regel nicht beim ersten Anlauf; aber es geht mit jedem Mal besser.)

4 Den restlichen Teig und die verbliebene Füllung ebenso verarbeiten, bis zwanzig Röllchen entstanden sind.

5 Die fertigen *banh cuon* auf Teller verteilen. Ein paar Chiliringe und Röstzwiebeln und einige Spritzer von der Dipsauce dazugeben. Mit Bohnensprossen, Minze und Thai-Basilikum servieren.

Anmerkung: *Kombu*-Extrakt ist im japanischen Supermarkt erhältlich.

BÁNH TÔM

Krabbenküchlein mit Süßkartoffeln

Für 4 Personen

Diese Küchlein habe ich zum ersten Mal in Hanoi bekommen, bei einer kleinen Frau, die am Westsee direkt am Wasser ihren Stand aufgeschlagen hatte. Der Geruch gebratener Krabben stieg mir in die Nase, und ich ließ mich neben der Köchin in einen Stuhl fallen, der wieder einmal für meinen Hintern viel zu schmal war (das passiert mir in Vietnam dauernd). An diesem Tag habe ich sehr viele *banh tom* gegessen und ihren Geschmack habe ich nie vergessen. Hier kommt meine eigene Version.

---

2 l Pflanzenöl, zum Frittieren
500 g Süßkartoffeln, geschält und in streichholzdünne Stifte geschnitten
200 g geschälte Krabben

Teig
200 g Reismehl
200 g Klebreismehl
200 g Tapiokastärke

Zum Servieren
1 Eisbergsalat, Blätter abgelöst
1 Bund vietnamesischer Koriander, Blätter abgezupft
1 Bund Perilla, Blätter abgezupft
nuoc-mam-Dipsauce (siehe Seite 206)

1 In einer großen Schüssel die Zutaten für den Teig mit 250 ml Wasser verquirlen, bis keine Klümpchen mehr zu sehen sind.

2 Das Öl in einem großen Topf auf 180 °C erhitzen, die Temperatur mit einem Küchenthermometer kontrollieren.

3 Die Süßkartoffeln und Krabben in den Teig geben und alles gut mischen, sodass sie mit Teig überzogen sind. Die Masse in der Schüssel grob in acht Portionen aufteilen. Vorsichtig vier Portionen mit einem Löffel in das heiße Öl geben und 8–10 Minuten ausbacken, bis die Küchlein goldbraun und knusprig sind, dabei gelegentlich wenden. Die Küchlein mit einem Schaumlöffel herausheben und zum Abtropfen auf einen mit Küchenpapier ausgelegten Teller geben. Aus der restlichen Masse weitere vier Küchlein backen.

4 Die Küchlein zusammen mit den Salat- und Kräuterblättern entweder auf eine Servierplatte geben oder auf einzelne Teller, dazu eine Schale mit Dipsauce bereitstellen. Die Küchlein mit ein paar Kräuterblättern in ein Salatblatt wickeln, in die Sauce dippen und genießen!

SRIRACHA

Für 4–6 Personen

BÁNH BÈO

Reismehl-Küchlein

Wenn ich in Saigon bin, führt mich mein erster Weg zu einem kleinen Stand auf dem Ben-Thanh-Markt. Dort bekommt man die besten *banh beo.* Die Besitzerin lächelt nie. Sie kocht, während die Angestellten herumlaufen und servieren und die Tische abräumen. Für mich ist eine Portion *banh beo* nie genug, ich muss immer nachbestellen. Und ich bin mir sicher, eines Tages werde ich der Köchin auch noch ein Lächeln entlocken. Mit diesem Rezept müssen Sie am Vortag beginnen.

100 g getrocknete halbierte Mungbohnen *(mung dal)*
200 g grüner Speck ohne Schwarte, grob gewürfelt
Pflanzenöl, zum Ausfetten
3 EL Garnelenfäden (siehe Seite 213)
80 ml Frühlingszwiebel-Öl (siehe Seite 207)
nuoc-mam-Dipsauce (siehe Seite 206), zum Beträufeln und Dippen

Teig
340 g Reismehl
2 EL Tapiokastärke
1 TL Salz
2 TL Pflanzenöl

1 Die Mungbohnen in eine große Schüssel geben. Mit kaltem Wasser bedecken und über Nacht einweichen.

2 In einer großen Schüssel die Zutaten für den Teig mit 1 l Wasser verquirlen. Beiseitestellen und 2 Stunden ruhen lassen.

3 In der Zwischenzeit die Mungbohnen abgießen, in einen großen Topf geben und mit frischem Wasser bedecken. Bei niedriger bis mittlerer Temperatur 10–15 Minuten köcheln lassen, bis sie weich sind. In ein Sieb abgießen, abtropfen lassen, dann im Mixer fein pürieren.

4 Die Speckwürfel in eine Pfanne geben. Bei hoher Temperatur 15–20 Minuten das Fett ausbraten lassen, dabei die Stücke regelmäßig wenden. Die Grieben auf einem mit Küchenpapier ausgelegten Teller abtropfen lassen.

5 Ich verwende zum Garen der *banh beo* zumeist flache kleine Dip-Schalen. Sie werden zuerst mit etwas Öl ausgestrichen (so lassen sich die fertigen Küchlein später besser herauslösen). In jede Schale 2 EL Teig füllen – es soll nur eine dünne Schicht sein. Die Schalen in einen großen Bambus-Dämpfkorb setzen; portionsweise arbeiten. Den Dämpfkorb auf einen Topf mit köchelndem Wasser setzen und verschließen. Die *banh beo* 10 Minuten dämpfen, bis sie fest geworden sind. Die Küchlein aus den Schälchen lösen und den restlichen Teig ebenso verarbeiten.

6 Zum Servieren etwas Mungbohnenpüree auf jedes Küchlein geben, dazu drei bis vier knusprige Grieben und einige Garnelenfäden. Mit Frühlingszwiebel-Öl und etwas von der Dipsauce beträufeln, den restlichen Dip separat servieren.

FISCHSAUCE

NƯỚC MẮM CÁ CƠM
PHÚ QUỐC
NƯỚC MẮM NHỈ CHUYÊN DÙNG ĂN SỐNG
ANCHOVY FISH SAUCE
DŨ SƠN

Fischsauce ist das Geheimnis der vietnamesischen Küche. Sie steckt in so gut wie jedem Gericht und wird anstelle von Salz verwendet, um Speisen zu würzen.

Die Herstellung von Fischsauce ist vergleichsweise einfach: Sardellen werden mit Salz in große Keramikgefäße oder Holzfässer geschichtet und zum Fermentieren sich selbst überlassen. Nach zwölf Monaten kann die »erste Pressung« entnommen werden, die begehrteste und auch teuerste Qualität, vergleichbar mit nativem Olivenöl extra. Dann wird die Fermentierung für weitere sechs bis zwölf Monate fortgesetzt; so entsteht die »zweite Pressung«. Diese Sauce ist salziger und intensiver im Geschmack.

Die besten vietnamesische Fischsauce kommt aus Phú Quốc und Phan Thiết. In beiden Küstenstädten gibt es große Fangflotten, die dafür sorgen, dass an den begehrten Sardellen, die man zur Herstellung der Sauce braucht, kein Mangel herrscht. Für richtig gute Fischsauce finden ausschließlich Sardellen Verwendung, für einfachere Qualitäten werden auch andere Fische genutzt; solche Produkte sind aber nicht empfehlenswert.

Einfluss auf die Qualität der Sauce hat auch der Protein- bzw. Stickstoffgehalt – je mehr Stickstoff, desto besser die Sauce. Auf dem Etikett ist neben einem »N« für Stickstoff eine Zahl vermerkt. Auch daran erkennt man eine gute Fischsauce.

In meinen Restaurants *Pho Nom* und *Annam* verwende ich die Sauce von Dũ Son aus Phú Quốc. Sie ist aromatisch, aber nicht zu streng und verbindet eine angenehme Salzigkeit mit einem Hauch Süße. Sie ist vielseitig verwendbar, sei es unverdünnt als Dip oder zusammen mit anderen Zutaten.

REISPAPIER

Reispapier ist die Grundlage für viele vietnamesische Speisen. Es dient zum Einwickeln von Zutaten und sorgt für Geschmack und Textur, zum Beispiel in den beliebten Reispapierröllchen oder in Salaten, zusammen Kräutern, Fleisch und Fisch.

Die Reispapierblätter, die man auf vietnamesischen Märkten kauft, entstehen in einem langwierigen handwerklichen Prozess. Zunächst werden Reiskörner fein gemahlen. Das Mehl verrührt man mit Wasser zu einem dünnflüssigen Teig, der auf ein Stück Baumwollstoff gestrichen wird. Über einem Topf mit kochendem Wasser dämpft man ihn einige Minuten. Dann muss das Reispapierblatt auf einem Bambusgitter in der Sonne trocknen. Jemandem bei dieser Arbeit zuzusehen ist faszinierend: schnell geht es von der Teigschüssel zum Dämpftopf und zum Bambusgitter und wieder zurück – alles sieht vollkommen mühelos aus, aber das täuscht!

Traditionelle vietnamesische Reispapierblätter sind sehr dünn. Die industriell hergestellten Produkte aus dem Supermarkt sind dicker und müssen zunächst (je nach Stärke) mit kaltem oder warmem Wasser angefeuchtet werden. Das handgemachte Reispapier wird nur mit einem feuchten Schwamm abgewischt oder erhält seine Geschmeidigkeit durch saftiges Obst wie Ananas oder Sternfrucht, die oft zusammen mit Kräuterblättern als Salat serviert werden.

Für mein Restaurant *Annam* importieren wir wunderbares handgemachtes Reispapier aus Vietnam. Wir servieren es mit ganzen gegrillten Fischen und Steaks, aber auch auf Salattellern, zusammen mit Ananas und saftigen Granny-Smith-Äpfeln. Wir empfehlen unseren Gästen, die Fruchtstücke zu verwenden, um das Papier anzufeuchten, wie es in Vietnam üblich ist.

GỎI CUỐN TÔM HÈO

Ergibt 12 Stück

Reispapierröllchen mit Schweinefleisch und Garnelen

Mein Standardrezept für Reispapierröllchen. Es ist authentisch, es ist ganz einfach – und es ist einfach das beste!

500 g Schweinebauch
1 Stängel Zitronengras, nur das Weiße, in dünne Scheiben geschnitten
6 Knoblauchzehen, halbiert
1 lange rote Chilischote, der Länge nach halbiert
50 g *bun* (Reisnudeln)
12 große runde Reispapierblätter
1 Bund Minze, Blätter abgezupft
1 Bund vietnamesischer Koriander, Blätter abgezupft
1 Friséesalat, geputzt und gewaschen
12 mittelgroße gegarte Garnelen, geschält und vom Darm befreit, der Länge nach halbiert

Hoisin-Dipsauce
200 ml Hoisinsauce
50 ml Kokossahne
1 EL Sriracha-Chilisauce
3 EL geröstete Erdnüsse (siehe Seite 213)

1 Den Schweinebauch in einen Topf geben und mit kaltem Wasser bedecken. Zitronengras, Knoblauch und Chili dazugeben. Bei hoher Temperatur zum Kochen bringen, dann bei niedriger Temperatur 30 Minuten köcheln lassen, bis das Fleisch durchgegart ist. Aus dem Topf nehmen, abkühlen lassen, dann in dünne Scheiben schneiden.

2 Die Reisnudeln nach Packungsangabe garen, dann in ein Sieb abgießen und unter fließendem kaltem Wasser abkühlen. Beiseitestellen.

3 Eine große Schüssel mit kaltem Wasser füllen. Die Reispapierblätter, die Schweinebauchscheiben, die gegarten Nudeln sowie die Kräuter- und Salatblätter bereitlegen.

4 Ein Blatt Reispapier in die Schüssel mit dem Wasser tauchen und sicherstellen, dass das Blatt gut angefeuchtet ist; überschüssiges Wasser abschütteln. Das Reispapier flach auf die Arbeitsfläche legen. Mit den Nudeln beginnen und jeweils eine kleine Menge (ein Zwölftel) von allen bereitgestellten Zutaten in der Mitte des Blatts anordnen (ich finde es schön, wenn die Salatblätter an einer Seite ein bisschen überstehen).

5 Zuerst die Seite, die Ihnen am nächsten liegt, vorsichtig anheben und über die Füllung schlagen. Dann das Reispapier fest aufrollen. So weitermachen, bis alle Reispapierblätter und die gesamte Füllung verbraucht sind; das sollte zwölf Röllchen ergeben. Man kann sie zum Servieren in der Mitte durchschneiden.

6 Für den Dip Hoisinsauce, Kokossahne und Chilisauce in einen kleinen Topf geben und bei niedriger Temperatur erhitzen. Umrühren, bis sich die Zutaten verbunden haben. Den Dip auf kleine Schalen verteilen und die Erdnüsse dazugeben. Mit den Reispapierröllchen servieren.

LINH
CÁC LOẠI
LẤY NGAY
LÃN ÔNG - 090 328

YAMAHA

GỎI CUỐN TÔM CHIÊN CỐM DẸP XANH

Ergibt 12 Stück

Reispapierröllchen mit knusprigen Garnelen

Grünen Reis habe ich vor Jahren in Hanoi entdeckt. Traditionell bieten die Straßenhändler zu Beginn der Reisernte die gedämpften süßen grünen Körner an. In diesem Rezept kommt der grüne Reis in Form von Flocken zum Einsatz. Ich paniere damit Garnelen, die anschließend frittiert werden. Mit ihrer fabelhaft knusprigen Hülle sind sie eine schöne Bereicherung in diesen Reispapierröllchen; man kann sie aber auch sehr gut nur mit der Dipsauce und einer Auswahl frischer Kräuter servieren.

---

170 g Reismehl
200 g grüne Reisflocken
2 l Pflanzenöl, zum Frittieren
12 große rohe Garnelen, geschält (die Schwanzflosse bleibt dran) und vom Darm befreit
50 g *bun* (Reisnudeln)
12 mittelgroße runde Reispapierblätter
½ Avocado, in 12 Streifen geschnitten
1 Bund Minze oder vietnamesischer Koriander, Blätter abgezupft
1 Friséesalat, geputzt und gewaschen
nuoc-mam-Dipsauce (siehe Seite 206), zum Servieren

1 Das Reismehl in einer großen Schüssel mit 125 ml Wasser glatt rühren. Die grünen Reisflocken in eine flache Schale geben.

2 Das Öl in einem großen Topf auf 180 °C erhitzen und mit einem Küchenthermometer kontrollieren.

3 Die Garnelen einzeln auf Bambusspieße stecken und so weit wie möglich in die Länge ziehen. Die Garnelen, eine nach der anderen, in den Teig tauchen und dann in die Reisflocken drücken, sodass sie vollständig davon überzogen sind. Die Garnelen vorsichtig in das heiße Öl geben – nicht zu viele auf einmal – und 2–3 Minuten frittieren, bis sie goldgelb sind. Herausnehmen und auf einem mit Küchenpapier bedeckten Teller abtropfen lassen.

4 Die Nudeln nach Packungsangabe garen, dann in ein Sieb abgießen und unter fließendem kaltem Wasser abkühlen. Beiseitestellen.

5 Eine große Schüssel mit kaltem Wasser füllen. Die Reispapierblätter, die gegarten Nudeln, Avocado, Minze- und Salatblätter bereitstellen. Die frittierten Garnelen von den Spießen ziehen.

6 Ein Blatt Reispapier in die Schüssel mit dem Wasser tauchen, umdrehen und sicherstellen, dass das Blatt gut angefeuchtet ist; überschüssiges Wasser abschütteln. Das Reispapier flach auf die Arbeitsfläche legen. Mit den Nudeln beginnen und jeweils eine kleine Menge (ein Zwölftel) von allen bereitgestellten Zutaten mit Ausnahme der Garnelen in der Mitte des Blatts anordnen.

7 Zuerst die Seite, die Ihnen am nächsten liegt, vorsichtig anheben und über die Füllung schlagen. Dann das Reispapier fest aufrollen. Kurz bevor das Röllchen fertig ist, eine Garnele mit einwickeln, sodass die Schwanzflosse an einer Seite heraushängt. So weitermachen, bis alle Reispapierblätter und die gesamte Füllung verbraucht sind; das sollte zwölf Röllchen ergeben. Man kann sie zum Servieren in der Mitte durchschneiden.

8 Mit der Dipsauce servieren.

Für 4 Personen

GỎI CUỐN CÁ HỒI

Reispapierröllchen mit Lachs und Apfel

In diesen Reispapierröllchen mit rohem Lachs zeigt sich japanischer Einfluss. Ich kombiniere den Fisch hier mit knackigen, sauren Äpfeln. Und ich ermuntere Sie ausdrücklich, auch selbst kreativ zu werden, wenn Sie Reispapierröllchen machen. Es gibt so gut wie keine festen Regeln dafür, vermeiden sollten Sie allerdings weiche Früchte – sie sind einfach ungeeignet, und die Enttäuschung können Sie sich sparen!

---

12 mittelgroße runde Reispapierblätter
200 g Lachsfilet in Sushiqualität, ohne Haut, in 2 cm dicke Scheiben geschnitten
1 Bund Mizuna-Blätter, geputzt und gewaschen
2 Granny-Smith-Äpfel, in streichholzdünne Stäbchen geschnitten

Wasabi-Mayonnaise

125 g Mayonnaise (am besten japanische Kewpie-Mayonnaise)
2 EL Wasabi-Paste

1 Für die Wasabi-Mayonnaise in einer Schale die Mayonnaise mit der Wasabi-Paste verrühren. Beiseitestellen.

2 Eine große Schüssel mit Wasser füllen. Die Reispapierblätter, Lachs, Mizuna-Blätter und Äpfel bereitstellen.

3 Ein Blatt Reispapier in die Schüssel mit dem Wasser tauchen und sicherstellen, dass das Blatt gut angefeuchtet ist; überschüssiges Wasser abschütteln. Das Reispapier flach auf die Arbeitsfläche legen. Einige Mizuna-Blätter und Apfelstreifen in der Mitte des Blatts anordnen.

4 Zuerst die Seite, die Ihnen am nächsten liegt, vorsichtig anheben und über die Füllung schlagen. Dann das Reispapier fest aufrollen. Wenn das Röllchen fast fertig ist, eine Scheibe Lachs der Länge nach mit einrollen. So weitermachen, bis alle Reispapierblätter und die gesamte Füllung verbraucht sind; das sollte zwölf Röllchen ergeben. Zum Servieren jedes Röllchen in zwei bis drei Stücke schneiden, wie Maki-Sushi.

5 Auf jedes Stück einen kleinen Klecks Wasabi-Mayonnaise geben. Den Rest in einer kleinen Schale separat servieren.

NEM RÁN

Frühlingsrollen aus Hanoi

Ergibt 20 Stück

In Vietnam verwendet man für Frühlingsrollen traditionell Reispapier und keinen Teig, wie in anderen südostasiatischen Ländern und in China. Das Reispapier entwickelt beim Frittieren eine einmalige Knusprigkeit und eine ganz besondere Textur, die alle Vietnamesen lieben.

20 kleine Reispapierblätter
2 l Pflanzenöl, zum Frittieren

Füllung
50 g Glasnudeln
500 g Schweinehack
50 g Wolkenohrpilze, grob gehackt (siehe Anmerkung)
1 EL Fischsauce, eventuell etwas mehr
1 EL Zucker, eventuell etwas mehr
1 TL frisch gemahlener weißer Pfeffer, eventuell etwas mehr

Zum Servieren
1 Bund Minze, Blätter abgezupft
1 Bund vietnamesischer Koriander, Blätter abgezupft
1 Bund Perilla, Blätter abgezupft
1 Eisbergsalat, Blätter abgetrennt
nuoc-mam-Dipsauce (siehe Seite 206)

1 Zuerst die Füllung zubereiten: Die Glasnudeln in einer Schüssel mit kaltem Wasser 30 Minuten einweichen. Dann in ein Sieb abgießen und mit einer Küchenschere in kurze Stücke schneiden.

2 Die Nudeln in eine große Schüssel geben, das Hackfleisch, die Pilze, die Fischsauce und den Pfeffer dazugeben. Alles sehr sorgfältig vermischen. Von der Masse 2 TL abnehmen und in einer kleinen Pfanne braten oder in der Mikrowelle 30 Sekunden garen. Dann probieren und die Masse mit Fischsauce, Zucker oder Pfeffer nachwürzen, falls nötig. Das Verhältnis von süß und salzig sollte ausgewogen sein.

3 Die Kräuter- und Salatblätter auf eine Servierplatte geben.

4 Ein Reispapierblatt mit Wasser einsprühen, den Überschuss abwischen. Das Blatt auf die Arbeitsfläche legen. In der Mitte 1 EL Füllung verteilen, dann die Seiten darüberschlagen und das Reispapier fest aufrollen, sodass eine Art Zigarre entsteht. Auf diese Weise insgesamt zwanzig Frühlingsrollen herstellen.

5 In einem großen Topf das Öl auf 180 °C erhitzen und mit einem Küchenthermometer kontrollieren.

6 Die Frühlingsrollen portionsweise in das heiße Öl geben und 10–12 Minuten frittieren, bis sie goldgelb und knusprig sind. Mit einem Schaumlöffel herausheben und auf einem mit Küchenpapier ausgelegten Teller abtropfen lassen.

7 Die Frühlingsrollen mit den Salat- und Kräuterblättern und der Dipsauce servieren. Man legt eine Frühlingsrolle auf ein Salatblatt, gibt Kräuter dazu, wickelt alles ein und dippt es in die Sauce.

Anmerkung: Getrocknete Pilze zuerst mit kochendem Wasser übergießen und einweichen.

CHẢ GIÒ CUA VÀ THỊT HEO

Ergibt 20 Stück

Frühlingsrollen mit Krebs- und Schweinefleisch

In der Altstadt von Hanoi in einer kleinen Gasse habe ich dieses Gericht vor Jahren zum ersten Mal gegessen. Der Geschmack war einfach und köstlich, die Konsistenz wunderbar knusprig. Solche Frühlingsrollen dürfen in diesem Buch nicht fehlen!

20 mittelgroße Reispapierblätter
2 l Pflanzenöl, zum Frittieren

Füllung
500 g Schweinehack
2 Schalotten, fein gehackt
2 Knoblauchzehen, zerdrückt
2 EL Fischsauce, eventuell etwas mehr
1 EL Zucker, eventuell etwas mehr
1 Prise frisch gemahlener weißer Pfeffer
50 g Wolkenohrpilze, grob gehackt (siehe Anmerkung Seite 50)
300 g ausgelöstes Taschenkrebsfleisch

Zum Servieren
1 Eisberg- oder Kopfsalat, Blätter abgetrennt
1 Bund Minze, Blätter abgezupft
1 Bund vietnamesischer Koriander, Blätter abgezupft
1 Bund Perilla, Blätter abgezupft
nuoc-mam-Dipsauce (siehe Seite 206), zum Servieren

1 Für die Füllung die Zutaten mit Ausnahme des Taschenkrebsfleischs in eine große Schüssel geben und vermischen. Von der Masse 2 TL abnehmen und in einer kleinen Pfanne bei mittlerer Hitze braten oder in der Mikrowelle 30 Sekunden garen. Dann probieren und die Masse mit etwas Fischsauce oder Zucker nachwürzen, falls nötig. Das Verhältnis von süß und salzig sollte ausgewogen sein.

2 Die Salat- und Kräuterblätter auf eine Servierplatte geben.

3 Ein Reispapierblatt mit Wasser einsprühen, den Überschuss abwischen. Das Blatt auf die Arbeitsfläche legen. In der Mitte 1 EL der Füllung verteilen, dann 2 TL Krebsfleisch dazugeben. Alle vier Seiten darüberschlagen, sodass ein festes Rechteck entsteht. Auf diese Weise insgesamt zwanzig Frühlingsrollen herstellen.

4 In einem großen Topf das Öl auf 180 °C erhitzen – die Temperatur mit einem Küchenthermometer kontrollieren.

5 Die Frühlingsrollen portionsweise im heißen Öl 7–10 Minuten frittieren, bis sie goldgelb und knusprig sind. Mit einem Schaumlöffel herausheben und auf einem mit Küchenpapier ausgelegten Teller abtropfen lassen.

6 Die Frühlingsrollen mit den Salat- und Kräuterblättern und der Dipsauce servieren. Man legt eine Frühlingsrolle auf ein Salatblatt, gibt Kräuter dazu, wickelt alles ein und dippt es in die Sauce.

KCĐS5
MARVEL
m0+907.45
R =250
=18.14
=40
=15
=20

Ergibt 4 Stück

BÁNH TRÁNG NƯỚNG

Gegrilltes Reispapier

An den Straßenständen wird das Reispapier in der Regel über einem offenen Holzkohlenfeuer gegrillt, aber auf einem Metallgitter über einer Gasflamme geht es auch. Man muss nur schnell sein und darf das Reispapier nicht aus den Augen lassen, sonst verbrennt es.

---

6 Wachteleier
2 Frühlingszwiebeln, in dünne Scheiben geschnitten
50 g *tom kho* (geröstete kleine Garnelen; siehe Anmerkung)
4 große Reispapierblätter
Sriracha-Chilisauce, zum Beträufeln
Mayonnaise (am besten Kewpie-Mayonnaise), zum Beträufeln

1 Die Wachteleier in eine Schüssel aufschlagen und mit den Frühlingszwiebeln und den Garnelen verquirlen.

2 Ein Metallgitter auf einen Gasbrenner setzen und eine kleine Flamme einstellen. Vorsichtig ein Reispapierblatt auf das Gitter legen und ein Viertel der Eiermischung daraufgeben. Mit einer Küchenzange das Reispapierblatt über der Gasflamme bewegen, sodass sich die Eiermischung gleichmäßig verteilt. Das Reispapier verändert dabei sein Aussehen: zuerst ist es durchscheinend, dann wird es opak und zum Schluss pufft es auf.

3 Sobald das Ei gestockt ist, das Reispapier auf einen Teller legen, mit etwas Sriracha-Sauce und Mayonnaise beträufeln. Die übrigen Reispapierblätter und die restliche Eiermasse ebenso verarbeiten. Sofort servieren!

Anmerkung: *Tom kho* sind kleine getrocknete und leicht geröstete Garnelen. Man bekommt sie im Asiamarkt.

BÁNH TRÁNG TRỘN

Reispapiersalat mit Garnelen

Für 4 Personen

Reispapier in Salaten zu verwenden ist eine vergleichsweise neue Mode, die sich in den letzten fünf Jahren verbreitet hat. In diesem frischen Salat steuert das Reispapier eine interessante Textur bei. Ein vietnamesisches Bier passt großartig dazu!

---

120 g dünne runde Reispapierblätter (siehe Anmerkung), in 5 cm breite Streifen geschnitten
1 grüne Mango, in dünne Streifen geschnitten
50 g *tom kho* (getrocknete kleine Garnelen; siehe Anmerkung Seite 57)
1 Bund vietnamesischer Koriander, Blätter abgezupft
4 Wachteleier, hart gekocht und geschält
2 EL Röstzwiebeln (siehe Seite 212)
2 EL geröstete Erdnüsse (siehe Seite 213)

Schalottendressing
1 EL Pflanzenöl
2 Schalotten, fein gehackt
120 ml Sojasauce
1 Prise Fünf-Gewürze-Pulver
1 TL Fischsauce
2 EL Zucker

1 Für das Dressing in einer kleinen Pfanne das Öl bei mittlerer Temperatur erhitzen. Die Schalotten darin 4–5 Minuten braten, bis sie weich und leicht gebräunt sind. Die restlichen Zutaten hinzufügen und alles 2 Minuten köcheln lassen, bis sich der Zucker aufgelöst hat. Vom Herd nehmen und beiseitestellen.

2 Reispapierstreifen, Mango, Garnelen, Koriander, Eier und Röstzwiebeln in eine Salatschüssel geben und durchmischen. Etwas Dressing dazugeben und noch einmal mischen. So weitermachen, bis das Dressing verbraucht ist und das Reispapier weich geworden ist. Den Salat mit den Erdnüssen bestreuen und sofort servieren.

Anmerkung: Es gibt Reispapierblätter in verschiedenen Stärken. Fragen Sie im Asiamarkt nach der dünnsten Variante.

BAHN MI

Banh mi ist ein Erbe der französischen Kolonialzeit – die Vietnamesen haben es geschafft, aus einem einfachen Baguette etwas richtig Gutes machen. Außen knusprig, innen weich und gut gefüllt, ist so ein belegtes Brot das perfekte Essen für unterwegs. Man nimmt es gern zum Frühstück, es schmeckt aber auch zu jeder anderen Tageszeit. Für den Belag gibt es unzählige Möglichkeiten, aber *pâté* und *bo* (eine Mayonnaise, dick wie Butter) gehören immer dazu, außerdem Pickles, Gurke und Frühlingszwiebeln. Die Hühnerleberterrine ist in der Regel gröber als das französische Vorbild – ihre einzigartige Textur verdankt sie der Zugabe von Brot und fettem Speck. Die Mayonnaise hält alles zusammen – für einen authentischen Geschmack dürfen Sie daran nicht sparen.

Jede Region pflegt lokale Varianten von *banh mi.* In Hanoi zum Beispiel ist das Brot lang und dünn und die Füllung einfach – ein proteinhaltiger Belag, etwas Koriander und Frühlingszwiebeln, fertig. In Zentralvietnam, vor allem in Hội An, ist das Brot in der Mitte dicker, mit spitzen Enden und besonders knusprig. Man füllt es mit gegrilltem oder gebratenem Fleisch, dazu Koriander und vietnamesicher Koriander. Im Süden des Landes, insbesondere in Saigon, ist das Brot dicker und weich wie Watte. Hier gibt es extravagante Kompositionen, mit reichlich Fleisch, Gemüse, Kräutern und natürlich *bo.* Das ist die Art von *banh mi,* die sich im Ausland durchgesetzt hat und die auch in meinen *Pho-Nom*-Restaurants serviert wird.

Wenn es Sie nach Vietnam verschlägt und Sie nicht wissen, wo es das beste *banh mi* gibt, hier mein Tipp: vertrauen Sie der kollektiven Intelligenz! Die besten Streetfood-Stände haben ja nicht ohne Grund den größten Zulauf.

BÁNH MÌ HEO QUAY

Für 4 Personen

Banh mi mit knusprigem Schweinebauch

Gebratener Schweinebauch. In einem knusprigen Baguette. Kann es ein besseres Sandwich geben?

4 Baguettebrötchen
Hühnerleberterrine (siehe Seite 208), zum Bestreichen
Mayonnaise (siehe Seite 207), zum Bestreichen
1 EL Hoisinsauce
1 Mini-Gurke, in 8 Spalten geschnitten
2 Frühlingszwiebeln, in 15 cm lange Stücke geschnitten
200 g Karotten-Rettich-Pickles (siehe Seite 209)
feine Ringe von einer Bird's-Eye-Chilischote, nach Geschmack
Korianderblätter nach Geschmack

Schweinebauch
500 g Schweinebauch
1 TL Fünf-Gewürze-Pulver
Salz

1 Den Backofen auf 250 °C (Ober-/Unterhitze) vorheizen.

2 Zuerst den Schweinebauch braten: die Fleischseite mit dem Fünf-Gewürze-Pulver und etwas Salz einreiben. Die Schwarte mit einem scharfen Messer einritzen; mit 2 EL Salz bestreuen und das Salz kräftig einmassieren, um die Schwarte aufzurauhen, damit sie später schön knusprig wird. Für 5 Minuten beiseitestellen.

3 Das Fleisch trockentupfen und noch einmal salzen. Mit der Schwarte nach oben in eine ofenfeste Form setzen und in den Backofen schieben. Nach 30 Minuten die Temperatur auf 180 °C reduzieren und den Schweinebauch weitere 30 Minuten braten, bis das Fleisch durchgegart und die Schwarte knusprig ist. Aus dem Ofen nehmen und einige Minuten ruhen lassen, dann in dünne Scheiben aufschneiden.

4 Die Baguettebrötchen auf-, aber nicht ganz durchschneiden. Eine Seite großzügig mit Hühnerleberterrine bestreichen, die andere mit Mayonnaise. Einige Schweinebauchscheiben dazugeben und mit Hoisinsauce beträufeln. Gurke, Frühlingszwiebeln und Pickles hinzufügen, dazu Chiliringe und Koriander nach Geschmack, und das *banh mi* zusammenklappen.

Für 4 Personen

BÁNH MÌ ỐP LA

Banh mi mit Spiegelei

Das hat mein Vater am Wochenende gern für die ganze Familie gemacht. In einer großen Pfanne wurden die Eier gebraten, bis der Rand schön knusprig war, und dann mit Maggi gewürzt. Meine Brüder konnten es gar nicht erwarten und stellten sich mit ihrem Brot in der Hand neben den Herd. Und ich musste einfach schneller sein als die Jungs, wenn ich etwas davon abbekommen wollte! Dieses *banh mi* mache ich heute für die Angestellten in meinem Restaurant. Und erfreulicherweise geht es da viel entspannter zu!

1 EL Pflanzenöl
8 Eier
4 Baguettebrötchen
Hühnerleberterrine (siehe Seite 208), zum Bestreichen
Mayonnaise (siehe Seite 207), zum Bestreichen
200 g Karotten-Rettich-Pickles (siehe Seite 209)
1 Bund Koriander, Blätter abgezupft
2 Frühlingszwiebeln, in 15 cm lange Stücke geschnitten
1 Mini-Gurke, in 8 Spalten geschnitten
2–4 EL Maggi
Salz und frisch gemahlener Pfeffer
feine Ringe von einer Bird's-Eye-Chilischote (nach Belieben)

1 In einer Pfanne 1 TL Öl bei mittlerer bis hoher Temperatur erhitzen. Zwei Eier hineinschlagen und braten, bis der Rand knusprig wird. Die Spiegeleier auf einem mit Küchenpapier ausgelegten Teller abtropfen lassen und in dem restlichen Öl die übrigen Eier braten.

2 Die Brötchen auf-, aber nicht ganz durchschneiden. Die Unterseite großzügig mit Hühnerleberterrine und Mayonnaise bestreichen, dann Pickles, Korianderblätter, Frühlingszwiebeln und Gurke auf die Brötchen verteilen. Jeweils zwei Spiegeleier dazugeben und mit Maggi beträufeln. Mit Salz und Pfeffer würzen und vor dem Zusammenklappen ein paar Chiliringe dazugeben, falls gewünscht.

BÁNH MÌ
ĐỒNG GIÁ:
GIÒ CHẢ + THỊT
KÍNH MỜI

BÁNH MÌ XÍU MẠI

Banh mi mit Fleischbällchen

Für 4 Personen

Hier mischen sich chinesische und französische Einflüsse. Die Fleischbällchen werden in Tomatensauce gegart, dann mit den üblichen Beigaben in ein Baguettebrötchen gefüllt – eines meiner Lieblingsgerichte in der kalten Jahreszeit.

4 Baguettebrötchen
Hühnerleberterrine (siehe Seite 208), zum Bestreichen
Mayonnaise (siehe Seite 207), zum Bestreichen
200 g Karotten-Rettich-Pickles (siehe Seite 209)
1 große Handvoll Korianderblätter
2 Frühlingszwiebeln, in 15 cm lange Stücke geschnitten
1 Mini-Gurke, in 8 Spalten geschnitten

Fleischbällchen
500 g Schweinehack
200 g Wasserkastanien, abgespült und abgetropft, fein gehackt
3 Frühlingszwiebeln, in dünne Ringe geschnitten
3 Schalotten, fein gehackt
2 Knoblauchzehen, fein gehackt
1 TL frisch gemahlener weißer Pfeffer
3 EL Fischsauce
1 EL Zucker
1 Ei

Sauce
3 EL Pflanzenöl
2 Knoblauchzehen, fein gehackt
4 Schalotten, fein gehackt
1 Tomate, fein gehackt
200 ml Hühnerbrühe
2 EL Tomatenmark
2 EL Fischsauce
1 EL Zucker
1 Prise Salz

1 Für die Fleischbällchen alle Zutaten in eine große Schüssel geben und sorgfältig mischen. Die Masse mit der Hand zu einer Kugel formen, aus der Schüssel nehmen und einige Male schwungvoll wieder hineinwerfen – so verbindet sich alles gut.

2 Einen Dämpfkorb aus Bambus mit Backpapier auslegen und auf einen Topf mit köchelndem Wasser setzen. Aus der Hackfleischmasse golfballgroße Kugeln formen. In den vorbereiteten Korb legen und 10 Minuten dämpfen. Beiseitestellen.

3 Inzwischen für die Sauce in einer Pfanne mit dickem Boden bei mittlerer bis hoher Temperatur das Öl erhitzen. Knoblauch und Schalotten darin 2–3 Minuten anschwitzen, bis sie weich sind. Die Tomate dazugeben und 4–5 Minuten mitgaren, bis sie zerfällt. Hühnerbrühe, Tomatenmark, Fischsauce, Zucker und Salz dazugeben und alles zum Kochen bringen. Die Fleischbällchen in der Sauce 15 Minuten köcheln lassen, bis sie durchgegart sind und die Sauce eindickt.

4 Die Baguettebrötchen auf-, aber nicht ganz durchschneiden. Die Unterseite großzügig mit Hühnerleberterrine und Mayonnaise bestreichen, dann Pickles, Koriander, Frühlingszwiebeln und Gurke dazugeben. Fleischbällchen und Sauce gleichmäßig auf die Brötchen verteilen. Zusammenklappen und servieren.

SPECIAL
SAIGON SPECIAL
HOT CHILI SAUCE
SRIRACHA

BÒ NÉ SAIGON

Frühstück wie in Saigon

Für 4 Personen

Ich liebe dieses Frühstück, und wenn ich in Saigon bin, führt kein Weg daran vorbei. Wenn die kleine gusseiserne Platte mit dem brutzelnden Fleisch an den Tisch gebracht wird und ich mein Brötchen in Stücke reiße, die dann mit Fleisch und Salat belegt und zum Schluss in das Eigelb getaucht werden – das ist unschlagbar! Meine Frau dagegen schneidet ihr Brötchen auf und füllt Fleisch und Salat hinein. Und so machen wir es auch in unseren *Pho-Nom*-Restaurants, weil es leichter zu essen ist. Aber es gibt hier kein richtig oder falsch!

Wer keine solche kleinen gusseisernen Servierpfannen hat, brät einfach alles zusammen in einer großen Pfanne und verteilt es vor dem Servieren auf einzelne Teller.

4 kleine Steaks (à 100 g)
Salz und frisch gemahlener weißer Pfeffer
100 ml Pflanzenöl
4 Eier
2 Zwiebeln, in Ringe geschnitten
4 dicke Scheiben Hühnerleberterrine
(siehe Seite 208)
4 Baguettebrötchen
Maggi-Würze nach Geschmack

Salat
1 Mini-Gurke, schräg in Scheiben geschnitten
1 kleiner Eisbergsalat, Blätter abgetrennt
1 Tomate, in Scheiben geschnitten

1 Die Steaks mit Salz und Pfeffer würzen.

2 Vier Portionspfannen bei mittlerer bis hoher Temperatur erhitzen. Das Öl auf die Pfannen verteilen und in jede ein Steak geben. Daneben jeweils ein Ei setzen und die Zwiebelringe verteilen. Die Zwiebelringe immer wieder wenden, bis sie gebräunt sind. Das Steak am besten medium rare braten (oder nach Geschmack).

3 Wenn alles fertig gebraten ist, mit Salz und Pfeffer würzen und die Hühnerleberterrine dazugeben. Die Pfannen auf den Tisch bringen. Die Baguettebrötchen und einen Teller mit Salat- und Kräuterblättern separat reichen. Eine Flasche Maggi zum Nachwürzen ist ebenfalls willkommen.

GEGRILLTES

Die Vietnamesen grillen gern. Fleisch, Fisch und Meeresfrüchte brutzeln auf kleinen Holzkohlegrills, die überall am Straßenrand in Betrieb sind. Verlockende Düfte steigen auf und wecken in mir die Erinnerung an vergangene kulinarische Freuden.

Die meisten Rezepte in diesem Kapitel sind eigentlich für einen Holzkohlegrill gedacht. Aber sie gelingen ebenso mit einem Gas- oder Elektrogrill, unter dem Backofengrill oder in der Grillpfanne, auch wenn der Geschmack ein bisschen anders ist.

Das Garen über einem offenen Holzkohlenfeuer verleiht den Gerichten eine ganz spezielle Rauchigkeit und einen intensiveren Geschmack. Dafür ist das Fett verantwortlich, das auf die glühenden Kohlen tropft und alles mit seinen Aromen imprägniert.

Zum Entzünden der Holzkohle verwende ich einen Grillkamin (einen Zylinder aus Blech mit einem Gitterboden). Man gibt zerknülltes Papier hinein, und füllt ihn dann mit Holzkohle auf. Das Papier von unten anzünden und abwarten, bis die Kohle Feuer fängt. Wenn sie schön rot glüht, ist der Moment gekommen, um sie in den Grill umzufüllen.

Es gibt viele Arten von Holzkohlegrills: den Kugelgrill, den japanischen Konro-Grill, traditionelle Keramikgefäße, wie man sie in Vietnam verwendet, und sie alle sind gleich gut geeignet. Ich bevorzuge einen japanischen Konro-Grill; er hat den Vorteil, dass sich die Temperatur gut regulieren lässt und außerdem wird das Gehäuse nicht zu heiß. Wenn alles gegrillt ist, schütte ich die restliche Kohle vorsichtig in einen Topf und ersticke die Glut mit einem Deckel. Dann lässt sich die Holzkohle wiederverwenden.

Deton

Für 4–6 Personen

BÒ LÁ LỐT

Gegrillte Hackröllchen in Betelblättern

Saftiges Rinderhack, in Betelblätter gehüllt und auf dem Holzkohlegrill gegart – der Duft ist einfach umwerfend. Kein Barbecue ohne *bo la lot.*

---

1 kg Rinderhack
100 g grüner Speck ohne Schwarte, fein gehackt
100 ml Austernsauce
4 Knoblauchzehen, fein gehackt
2 Stängel Zitronengras, nur das Weiße, fein gehackt
1 TL Chiliflocken
2 EL Zucker
2 EL Fischsauce
48 Betelblätter

Zum Servieren
1 Eisbergsalat, Blätter abgetrennt
1 Bund vietnamesischer Koriander, Blätter abgezupft
1 Bund Minze, Blätter abgezupft
nuoc-mam-Dipsauce (siehe Seite 206)

1 Zwölf Bambusspieße für 1 Stunde in eine Schüssel mit kaltem Wasser legen, dann abtropfen lassen.

2 Rinderhack und Speck in eine große Schüssel geben und gut vermischen. Die übrigen Zutaten mit Ausnahme der Betelblätter dazugeben und alles gut vermengen. Die Masse zu einer Kugel formen und mit Schwung zurück in die Schüssel werfen, bis die Fleischmasse nicht mehr an den Fingern klebt. Mit Frischhaltefolie abdecken und 30–60 Minuten ruhen lassen.

3 Den Grill vorheizen.

4 Ein Betelblatt auf die Arbeitsfläche legen. Von der Hackfleischmasse 30–40 g abnehmen und mit den Händen zu einer Rolle formen, etwas kürzer, als das Betelblatt breit ist. Das Hackröllchen auf das Blatt legen, das Blatt aufrollen und das Röllchen auf einen Bambusspieß stecken. Aus der restlichen Hackfleischmasse und den übrigen Betelblättern weitere Röllchen herstellen und jeweils vier Röllchen auf einen Spieß stecken.

5 Wenn der Grill heiß ist (Holzkohle sollte rot glühend sein), die Spieße auf den Rost legen und 8 Minuten garen, dabei gelegentlich wenden. Wenn man mit der Grillzange daraufdrückt, sollten sie sich fest anfühlen.

6 Die Salat- und Kräuterblätter auf einen Teller geben, die Dipsauce in Portionsschalen füllen. Am Tisch bedient sich jeder selbst: Die *bo la lot* werden zusammen mit den Kräutern in Salatblätter eingerollt und dann in die Sauce gedippt.

BÚN CHẢ HANOI

Für 4–6 Personen

Gegrilltes Schweinefleisch mit Kräutern und Reisnudeln

Als man mir dieses Gericht in Hanoi zum ersten Mal servierte, war ich unsicher, wie ich es essen sollte. Und es stellte sich heraus: ganz anders, als man *bun* (Reisnudeln) in Südvietnam essen würde. Die Kräuter und die Nudeln kamen auf einem separaten Teller auf den Tisch, dazu in einer Schale das gegrillte Fleisch in *nuoc-mam*-Brühe. Sollte ich das alles zusammen essen, wie ich es aus dem Süden gewohnt war? Nein! Man nimmt sich mit seinen Stäbchen einige Nudeln und Kräuterblätter, taucht sie vor dem Verzehr in die Brühe und bedient sich anschließend von dem Fleisch. Jedenfalls schmeckte es superlecker.

500 g Schweinehack
50 g grüner Speck ohne Schwarte, fein gehackt
500 g Schweinebauch, in dünne Scheiben geschnitten
100 g *bun* (dünne Reisnudeln)
250 ml Hühnerbrühe (siehe Seite 146)
250 ml *nuoc-mam*-Dipsauce (siehe Seite 206)

Marinade
200 ml Fischsauce
100 g Zucker
1–3 Knoblauchzehen, fein gehackt
5 Schalotten, fein gehackt
3 EL Pflanzenöl
1 Prise frisch gemahlener weißer Pfeffer

Papaya-Pickles
200 g grüne Papaya, in kleine Stücke geschnitten
1 Karotte, geviertelt und in Scheiben geschnitten
200 ml Einlegeflüssigkeit (siehe Seite 209)

Salat
1 Bund Minze, Blätter abgezupft
1 Bund vietnamesischer Koriander, Blätter abgezupft

1 Für die Marinade alle Zutaten in eine Schale geben und rühren, bis sich der Zucker aufgelöst hat.

2 Hackfleisch und Speck in eine große Schüssel geben, mit der Hälfte der Marinade übergießen und alles gut vermischen. Die Masse mit der Hand zu einer Kugel formen und mit Schwung einige Male in die Schüssel zurückwerfen. Dabei entweicht eingeschlossene Luft (und später auf dem Grill fallen die Bällchen nicht auseinander). Für mindestens 3 Stunden in den Kühlschrank stellen, am besten über Nacht.

3 Den Schweinebauch in eine dritte Schüssel geben und mit der restlichen Marinade übergießen. Gut durchmischen und ebenfalls in den Kühlschrank stellen.

4 Für die Pickles Papaya und Karotte in eine Schüssel geben. Mit der Einlegeflüssigkeit übergießen, sodass alles bedeckt ist, und für 2 Stunden beiseitestellen.

5 Nach Ablauf der Ruhezeit die Hackfleischmasse zu golfballgroßen Kugeln formen. Für weitere 1–2 Stunden zurück in den Kühlschrank stellen, damit sie fester werden.

6 Den Grill vorheizen.

7 Die Nudeln nach Packungsangabe garen. In ein Sieb abgießen, unter fließendem kaltem Wasser abspülen, dann zum Abtropfen beiseitestellen.

8 Die Hühnerbrühe in einem Topf bei mittlerer Hitze erwärmen.

9 Wenn der Grill heiß ist (Holzkohle sollte rot glühend sein), die Fleischbällchen mit der Handfläche etwas flacher drücken und auf den Rost legen. Den Schweinebauch dazugeben und darauf achten, dass keine Stichflammen durch heruntertropfendes Fett entstehen. Fleischbällchen und Schweinebauch 7–8 Minuten grillen, bis sie durchgegart sind, dabei regelmäßig wenden.

10 Zum Servieren die Nudeln mit den Salat- und Kräuterblättern auf einem Teller anrichten. Die Pickles abtropfen lassen und auf Portionsschalen verteilen. Fleischbällchen und Schweinebauch hineingeben, mit der warmen Brühe und der Dipsauce übergießen.

11 Jeder nimmt sich am Tisch von den Nudeln und Kräutern und taucht sie in seine Suppe, dann isst man Fleisch und Pickles.

CÁ NƯỚNG CUỐN BÁNH TRÁNG

Gegrillter Fisch in Reispapier

Für 2 Personen

Gegrillter Fisch ist in Vietnam sehr beliebt, und oft serviert man ihn mit Reispapier, frischen Kräutern, Gurke und Ananas, um verschiedene Aromen und Texturen zu kombinieren.

Hier eignet sich jeder Fisch mit festem weißem Fleisch. Und wer sich nicht mit den Gräten herumschlagen will, kann auch Fischfilets verwenden.

1 Fisch mit festem weißem Fleisch (Wolfsbarsch, Scholle oder Dorade), ausgenommen (400–600 g)
100 g *bun* (dünne Reisnudeln)
Salz
Pflanzenöl, zum Einreiben
2 EL Röstzwiebeln (siehe Seite 212)
30 g geröstete Erdnüsse (siehe Seite 213)
50 ml Frühlingszwiebel-Öl (siehe Seite 207)
80 ml *nuoc-mam*-Dipsauce (siehe Seite 206)
50 g Karotten-Rettich-Pickles (siehe Seite 209)
12 mittelgroße runde Reispapierblätter

Salat
1 Bund vietnamesischer Koriander, Blätter abgezupft
1 Bund Minze, Blätter abgezupft
1 Bund Perilla, Blätter abgezupft
½ Ananas, geschält, das holzige Innere entfernt, in dünne Scheiben geschnitten
2 Mini-Gurken, in streichholzgroße Stäbchen geschnitten

1 Den Fisch auf die Arbeitsfläche legen. Mit einem scharfen Messer innen vom Schwanz in Richtung Kopf an der Mittelgräte entlangfahren. Den Fisch umdrehen und das Ganze auf der anderen Seite wiederholen. Den Fisch aufklappen und mit der Küchenschere die Mittelgräte so durchtrennen, dass Schwanz und Kopf intakt bleiben. Die Mittelgräte herausnehmen und restliche Gräten entfernen. Mit einem Küchenbeil den Kopf so weit spalten, dass sich der Fisch flach aufklappen lässt. Die Bauchlappen glatt schneiden, die Rückenflosse entfernen.

2 Den Grill vorheizen oder den Backofen auf 180 °C (Ober-/Unterhitze) vorheizen.

3 Die Nudeln nach Packungsangabe garen, dann in ein Sieb abgießen und unter fließendem kaltem Wasser abkühlen. Zum Abtropfen beiseitestellen.

4 Die Kräuter- und Salatblätter auf einem großen Teller anrichten.

5 Wenn der Grill heiß ist (die Kohlen sollten rot glühend sein), den Fisch auf beiden Seiten salzen und mit dem Pflanzenöl einreiben. Den Fisch mit der Haut nach unten auf den Grill legen und 5–7 Minuten garen, bis die Haut knusprig ist, dann umdrehen und weitere 5–7 Minuten grillen, bis er durchgegart ist.

6 Den Fisch mit der Hautseite nach oben auf eine Platte legen, mit den Röstzwiebeln und Erdnüssen bestreuen und mit dem Frühlingszwiebel-Öl beträufeln. *Nuoc-mam*-Dipsauce und Pickles in einer Schüssel vermischen, dann auf zwei Portionsschalen verteilen (siehe Anmerkung).

7 Eine große Schüssel mit Wasser auf den Tisch stellen, dazu die Nudeln in einer Schale, die Reispapierblätter, den Salat und den Fisch. Jetzt nimmt sich jeder ein Blatt Reispapier und feuchtet es mit Wasser an. Das Reispapier legt man auf seinen Teller und füllt es mit ein paar Kräuterblättern, Ananas, Gurke und Fisch. Fest aufrollen, in die Sauce dippen und genießen!

Anmerkung: Traditionell serviert man zu diesem Gericht ein Dressing aus *mam nem*, einer Sauce aus fermentierten Sardellen – nichts für Zartbesaitete! Wer es probieren will, findet auf Seite 215 ein Rezept.

CÁP QUANG

HOI SIN
NET WT.

Für 4 Personen

BÚN THỊT NƯỚNG

Salat mit Reisnudeln und gegrilltem Schweinefleisch

So ein Salat aus Reisnudeln ist schnell gemacht und in der heißen Jahreszeit genau das Richtige. Es ist eine südvietnamesische Version von *bun cha* (siehe Seite 80.

---

600 g Schweineschulter ohne Knochen, in dünne Scheiben geschnitten
200 g *bun* (dünne Reisnudeln)
½ Kopfsalat, in Streifen geschnitten (nach Belieben)
2 Mini-Gurken, in feine Streifen geschnitten
150 g Karotten-Rettich-Pickles (siehe Seite 209)
2 EL Röstzwiebeln (siehe Seite 212)
80 ml Frühlingszwiebel-Öl (siehe Seite 207)
1 Bund Minze, Blätter abgezupft
1 Bund vietnamesischer Koriander, Blätter abgezupft
100 g geröstete Erdnüsse (siehe Seite 213)
nuoc-mam-Dipsauce (siehe Seite 206), zum Servieren

Marinade
2 Schalotten, fein gehackt
2 Knoblauchzehen, fein gehackt
1 EL Zucker
1 EL Honig
3 EL Fischsauce
3 EL Pflanzenöl

1 Für die Marinade alle Zutaten in eine große Schüssel geben und verrühren, bis Zucker und Honig aufgelöst sind. Das Fleisch in die Schüssel geben und gut mit der Marinade vermischen. Im Kühlschrank mindestens 4 Stunden ruhen lassen, besser über Nacht.

2 Den Grill vorheizen.

3 Die Nudeln nach Packungsangabe garen, dann in ein Sieb abgießen und unter fließendem kaltem Wasser abkühlen. Zum Abtropfen beiseitestellen.

4 Wenn der Grill heiß ist (Holzkohle sollte rot glühend sein), das Fleisch auf den Rost legen und 8–10 Minuten garen, dabei häufig wenden, bis es goldbraun ist. Auf eine Platte legen.

5 Die Nudeln auf vier Schalen verteilen und den Salat dazugeben (falls verwendet), gefolgt von Gurken und Pickles. Das Fleisch darauf anrichten, mit Röstzwiebeln bestreuen und mit dem Frühlingszwiebel-Öl beträufeln. Mit den Kräuterblättern garnieren. Erdnüsse und Dipsauce separat servieren, damit sich jeder bedienen kann.

MỰC NƯỚNG MUỐI ỚT

Tintenfisch mit Chili-Salz

Für 4 Personen

Wenn sich die Gelegenheit bietet, gehe ich gern Tintenfische angeln. Und natürlich schmecken sie frisch aus dem Meer am allerbesten. Die Zubereitung auf dem Holzkohlegrill ist supereinfach, die kurze Garzeit sorgt dafür, dass der Geschmack und die Süße der Tintenfische erhalten bleiben. Einen Versuch wert!

2 Kalmare (à 500 g), ausgenommen, Fangarme vom Körper getrennt (das macht der Fischhändler für Sie)
Pflanzenöl
Dipsauce mit grünen Chilis (siehe Seite 214), zum Servieren

Chili-Salz
50 g lange rote Chilischoten
2 Knoblauchzehen
30 g Salz

Salat
½ Bund Minze, Blätter abgezupft
½ Bund vietnamesischer Koriander, Blätter abgezupft
1 Kopfsalat, Blätter abgetrennt (nach Belieben)

1 Den Backofen auf 100 °C (Ober-/Unterhitze) vorheizen. Ein Backblech mit Backpapier auslegen.

2 Für das Chili-Salz die Chilischoten und die Knoblauchzehen im Mörser zu einer Paste zerstoßen. Das Salz dazugeben und untermischen. Die Mischung gleichmäßig auf dem vorbereiteten Blech verteilen und im Backofen 20 Minuten trocknen. Nicht aus den Augen lassen und alle 5–7 Minuten durchrühren, damit alles gleichmäßig trocknet und nichts verbrennt. Aus dem Ofen nehmen und zum Abkühlen beiseitestellen.

3 Den Grill vorheizen. Die Kalmare mit Öl einspinseln (oder besprühen), mit etwas Chili-Salz bestreuen.

4 Wenn der Grill heiß ist (Holzkohle sollte rot glühend sein), die Kalmare auf den Rost legen und von jeder Seite 3–5 Minuten garen, bis das Fleisch weiß wird. Man darf Tintenfisch nicht zu lange garen, sonst wird er zäh.

5 Die Kalmare auf einen Servierteller legen. Auf einem zweiten Teller die Kräuter- und Salatblätter (falls verwendet) anrichten. Zusammen mit der Dipsauce auf den Tisch bringen. Den Körper der Tintenfische in Ringe schneiden, die Fangarme in Stücke. Jetzt kann jeder ein Stück Kalmar mit Kräutern in ein Salatblatt wickeln und in die Sauce dippen.

BẮP NƯỚNG PHÔ MAI

Gegrillter Mais mit Schmelzkäse

Für 4 Personen

Gegrillte Maiskolben sind auf den Straßen Vietnams ein beliebter Snack. Hier kommt meine Lieblingsversion, mit Kewpie-Mayonnaise und Schmelzkäse (ich bevorzuge »La Vache qui rit«). Die Maiskolben sind auch eine perfekte Beilage zu gegrilltem Fleisch.

---

2 *lap cheong* (luftgetrocknete chinesische Wurst), fein gewürfelt
4 Kolben Zuckermais, Hüllblätter und Fäden entfernt
80 g Mayonnaise (am besten japanische Kewpie-Mayonnaise)
4 Ecken Schmelzkäse
3 EL Frühlingszwiebel-Öl (siehe Seite 207)

1 Den Grill vorheizen.

2 Eine kleine Pfanne bei mittlerer Temperatur erhitzen und die Wurst hineingeben. 5–7 Minuten braten, bis das Fett ausgebraten und die Wurst knusprig ist. Zum Abtropfen auf einen mit Küchenpapier ausgelegten Teller geben.

3 Wenn der Grill heiß ist (die Holzkohle sollte rot glühend sein), die Maiskolben auf den Rost legen und 12–15 Minuten garen, dabei regelmäßig wenden, bis sie gut gebräunt sind.

4 Die Mayonnaise und den Schmelzkäse in eine Schüssel geben und glatt rühren. Auf einem Teller verteilen und die Maiskolben darin wenden, bis sie rundum mit der Käsemasse überzogen sind. Die Maiskolben danach in den Wurststückchen wenden.

5 Die Maiskolben auf einen Servierteller legen und mit Frühlingszwiebel-Öl beträufeln. Sofort servieren.

味家

Für 4 Personen

ĐIỆP NƯỚNG MỠ HÀNH

Gegrillte Jakobsmuscheln

Wenn ich Vietnam besuche, freue ich mich immer auf gegrillte Schalentiere und Meeresschnecken. Dieses einfache Rezept setzt auf milde Aromen, die den delikaten Geschmack der Jakobsmuscheln nicht übertönen.

---

60 ml Frühlingszwiebel-Öl (siehe Seite 207)
2 EL Fischsauce
1 TL Zucker
12 Jakobsmuscheln mit der unteren Schalenhälfte, küchenfertig vorbereitet (das übernimmt der Fischhändler für Sie)
2 EL Röstzwiebeln (siehe Seite 212)
2 EL geröstete Erdnüsse (siehe Seite 213)

1 Den Grill vorheizen.

2 Das Frühlingszwiebel-Öl, die Fischsauce und den Zucker in eine Schüssel geben. Gut verrühren, sodass der Zucker sich auflöst.

3 Die Mischung gleichmäßig auf die Jakobsmuscheln verteilen.

4 Wenn der Grill heiß ist (Holzkohle sollte rot glühend sein), die Jakobsmuscheln in ihrer Schale auf den Rost legen und 5–7 Minuten garen.

5 Die Jakobsmuscheln mit den Röstzwiebeln und Erdnüssen bestreuen und sofort servieren.

BIA HOI

Bia hoi bedeutet »frisches Bier«, also Bier vom Fass. Es ist hell und leicht und ein perfekter Durstlöscher an heißen Tagen. Bei einem Bier trifft man sich abends mit Freunden und genießt eine Auswahl kleiner Speisen, die nach und nach auf den Tisch kommen.

In der Altstadt von Hanoi gibt es eine legendäre Straßenkreuzung, die bei den Einheimischen nur die »Bier-Ecke« heißt. Wenn Sie die Stadt besuchen, müssen Sie unbedingt dort hingehen. Das Bier ist überall gut, und man sitzt am Straßenrand mitten im Geschehen.

Am Abend füllen sich die Bierkneipen mit Büroangestellten, die sich dort nach der Arbeit treffen, essen, trinken und den Feierabend genießen. Zu den ungeschriebenen Gesetzen gehört es, sich beim Anstoßen mit den Gläsern lautstark zuzuprosten: »Mot, hai, ba, yo!«, was so viel heißt wie »Eins, zwei, drei, Prost!« Den Lärm hört man oft bis nach draußen.

In diesem Kapitel stelle ich Ihnen die Gerichte vor, die ich am liebsten zu einem kühlen *bia hoi* genieße.

CHEM CHÉP HẤP BIA VÀ LÀ QUÊ

Für 4 Personen

Miesmuscheln mit Thai-Basilikum und Bier

Ein ganz einfaches Gericht, das mit seinen schönen Aromen trotzdem Eindruck macht – Thai-Basilikum und Zitronengras passen wunderbar zum süßlichen Geschmack der Miesmuscheln. Es gibt nichts Schöneres, als auf einem dieser winzigen vietnamesischen Plastikstühle zu sitzen und solche Muscheln zu essen!

1 Dose Bia Hanoi (oder ein anderes helles Bier; 330 ml)
4 Stängel Thai-Basilikum, Blätter abgezupft, Stiele aufbewahrt
1 Stück Ingwer (4 cm), gerieben
1 lange rote Chilischote, in Ringe geschnitten
1 Stängel Zitronengras, nur das Weiße, leicht zerdrückt und in 10 cm lange Stücke geschnitten
1 kg Miesmuscheln, abgebürstet und entbartet
4 Baguettebrötchen (nach Belieben)

Kumquat-Chili-Salz
1 Bird's-Eye-Chilischote
1 EL Salz
4 Kumquats, halbiert

1 Für das Kumquat-Chili-Salz die Chilischote im Mörser zerstoßen. Das Salz hinzufügen und sorgfältig untermischen. Das Chili-Salz auf vier kleine Schalen verteilen und jeweils eine halbierte Kumquat dazugeben.

2 Das Bier, die Basilikumstängel, Ingwer, Chili und Zitronengras in einen großen Topf geben, der alle Muscheln aufnehmen kann. Den Deckel auflegen, die Flüssigkeit zum Kochen bringen und 2–3 Minuten kochen lassen.

3 Die Muscheln in den Topf geben und zugedeckt etwa 5 Minuten garen, bis sich die Schalen öffnen. Dabei die Muscheln im Topf immer wieder durchschwenken. Mit einem Schaumlöffel herausheben und auf einen Servierteller geben (Muscheln, die sich nicht geöffnet haben, aussortieren). Die Garflüssigkeit in eine Schale gießen. Beides mit Basilikumblättern bestreuen.

4 Jeder presst jetzt die Kumquathälften in sein Chili-Salz aus. Dann nimmt man eine Muschel, löst sie aus der Schale und taucht sie zuerst in die Brühe und dann in das Salz. Dazu nach Belieben Baguettebrötchen servieren.

MỰC RANG MUỐI

Frittierter Tintenfisch mit fünf Gewürzen

Für 4 Personen

Diese knusprigen Tintenfischringe gehören zum Besten, was man zu einem kalten Bier bestellen kann, während man mit Freunden am Tisch sitzt und Reiseerlebnisse austauscht.

½ TL Fünf-Gewürze-Pulver
1 TL Salz
1 TL Zucker
500 g Tintenfischtuben, ausgenommen und abgespült
Pflanzenöl, zum Frittieren und Braten
1 Ei, verquirlt
½ grüne Paprikaschote, gewürfelt
½ rote Paprikaschote, gewürfelt
1 kleine Zwiebel, gewürfelt
2 Knoblauchzehen, fein gehackt
2 Bird's-Eye-Chilischoten, grob gehackt, plus etwas mehr zum Garnieren

Ausbackteig
170 g Reismehl
100 ml Sodawasser

1 Das Fünf-Gewürze-Pulver, das Salz und den Zucker in einer Schale vermischen; beiseitestellen.

2 Für den Ausbackteig das Reismehl in eine Schüssel geben. Nach und nach das Sodawasser dazugießen und mit einer Gabel unterrühren, bis der Teig glatt und flüssig ist. Beiseitestellen.

3 Die Tintenfischtuben der Länge nach aufschneiden. Auf ein Schneidebrett legen und mit einem scharfen Messer rautenförmig einritzen, dann in mittelgroße Dreiecke schneiden.

4 In einem Wok oder in einem großen Topf 2 l Öl bei mittlerer bis hoher Temperatur auf 180 °C erhitzen – mit einem Küchenthermometer kontrollieren.

5 Die Tintenfischstücke portionsweise zuerst im verquirlten Ei wenden, dann in den Ausbackteig tauchen und abtropfen lassen. Vorsichtig in das heiße Öl geben und 4–5 Minuten frittieren, bis sie goldbraun sind. Mit einem Schaumlöffel herausheben und auf einem mit Küchenpapier ausgelegten Teller abtropfen lassen.

6 In einer Pfanne 1 EL Öl bei mittlerer bis hoher Temperatur erhitzen. Paprika, Zwiebel, Knoblauch und Chilis 2–3 Minuten anbraten, bis die Paprika gerade weich ist, dann schnell die frittierten Tintenfischstücke untermischen. Alles mit der Gewürzmischung bestreuen.

7 Mit Chiliringen garnieren und sofort servieren.

Für 4 Personen

CUA HẤP CHẤM NƯỚC MẮM ỚT XANH

Gedämpfte Strandkrabben und Chili-Dip

Die Vietnamesen lieben Krustentiere, vor allem Krabben und Krebse. Das kann ein bisschen Arbeit sein und der Tisch sieht danach vielleicht nicht mehr sehr ordentlich aus, aber so eine gedämpfte Strandkrabbe und ein frisches Bier gehören in Vietnam irgendwie zusammen. Ich mag das sehr!

6 Spannerkrabben, Schwimmkrabben oder Strandkrabben (à 200–300 g; siehe Anmerkung)
2 Stängel Zitronengras, nur das Weiße, leicht zerdrückt
2 lange rote Chilischoten, leicht zerdrückt
Dipsauce mit grünen Chilis (siehe Seite 214), zum Servieren
4 Kumquats, halbiert, zum Servieren (nach Belieben)

1 Einen großen Dämpfkorb aus Bambus auf einen Topf mit kochendem Wasser setzen. Die Krabben zusammen mit dem Zitronengras und den Chilischoten hineingeben und zugedeckt 15 Minuten dämpfen, bis sie durchgegart sind.

2 Die Krabben auf eine Servierplatte geben, die Dipsauce und nach Belieben die Kumquats zum Auspressen bereitstellen, und schon kann es losgehen.

Anmerkung: Wenn Sie tiefgekühlte Spannerkrabben aus dem Asiamarkt verwenden, lassen Sie sie vor dem Dämpfen auftauen. Lebende Krabben zunächst in einem großen Topf mit reichlich sprudelnd kochendem Wasser töten.

ĐẬM. CHẤT. THỜI ĐẠI.
30 NĂM BẰNG HỮU
GIÁ MỚI 12.000

ESSENCE HOTEL
PHỞ GÀ BIA
Đ/C: 20 TẠ HIỆN
NGÕ
HÀI TƯỜNG
FOOT&BODY
MASSAGE
Tiger
BIA PHỐ CỔ
JOTUN
KITAPLAST

BÒ NƯỚNG VỈ

Am Tisch gegartes Rindfleisch

Für 4–6 Personen

Das marinierte Rindfleisch wird am Tisch gebraten und dann mit frischen Kräutern, Nudeln und Reispapier verspeist. Wenn das bei uns auf den Tisch kommt, warnt mein Onkel immer alle vor Fettspritzern aus der heißen Pfanne. Aber so schlimm ist das gar nicht, Sie werden sehen!

2 Stängel Zitronengras, nur das Weiße, in dünne Scheiben geschnitten
2 Bird's-Eye-Chilischoten, in dünne Ringe geschnitten
3 Knoblauchzehen, in dünne Scheiben geschnitten
80 ml Fischsauce
2 EL Zucker
50 ml Pflanzenöl
1,5 kg Sirloin-Steak, in dünne Scheiben geschnitten
200 g *bun* (Reisnudeln)
150 ml *nuoc-mam*-Dipsauce (siehe Seite 206)
100 g Karotten-Rettich-Pickles (siehe Seite 209)
15–20 mittelgroße runde Reispapierblätter
1 EL Butter

Salat
3 EL Röstzwiebeln (siehe Seite 212)
2 Bund Minze, Blätter abgezupft
2 Bund vietnamesischer Koriander, Blätter abgezupft
2 rote Äpfel, halbiert, entkernt und in Scheiben geschnitten
1 kleine Ananas, geschält, das holzige Innere entfernt, in Scheiben geschnitten

1 Zitronengras, Chiliringe, Knoblauch, Fischsauce, Zucker und Pflanzenöl in eine große Schüssel geben und rühren, bis sich der Zucker aufgelöst hat. Die Fleischscheiben hinzufügen, alles gut durchmischen und im Kühlschrank 3 Stunden marinieren.

2 Die Nudeln nach Packungsangabe garen. In ein Sieb abgießen und unter fließendem kaltem Wasser abkühlen. Zum Abtropfen beiseitestellen.

3 Für den Salat alle Zutaten zusammen mit den abgetropften Nudeln auf einer Servierplatte anrichten. In einer Schüssel die Dipsauce mit den Pickles verrühren, dann auf vier Portionsschalen verteilen. Die Reispapierblätter auf einen Teller legen und eine Schüssel mit Wasser füllen. Alles auf den Tisch stellen.

4 Einen kleinen Gasbrenner an den Tisch bringen und darauf eine gusseiserne Pfanne bei mittlerer bis hoher Temperatur erhitzen. Etwas Butter in der Pfanne schmelzen und einige Scheiben Fleisch darin 2–3 Minuten braten, bis sie gerade durchgegart sind. Jeder bedient sich selbst, und das restliche Fleisch wird nach und nach am Tisch gebraten.

5 Jeder nimmt sich ein Reispapierblatt, feuchtet es an und füllt es dann nach seinem Geschmack mit Nudeln, den Salatzutaten und Fleisch. Aufrollen, in die Sauce dippen und genießen!

SALATE

Vietnamesische Salate sind erfrischend und sehr aromatisch; hier liebt man knackige Zutaten, duftende Kräuter und intensive Dressings. Zu so gut wie jedem Essen gehört ein Salat. Er steuert ein frisches Element bei und belebt den Geschmackssinn, inbesondere wenn Suppe, gegrilltes Fleisch oder deftige Schmorgerichte auf den Tisch kommen.

In seiner einfachsten Form kann ein Salat aus ein paar Streifen Gurke oder Karotte bestehen; zu Hause tischt man aber auch üppige Teller voller Kräuter, Salatblätter, Bohnensprossen, Röstzwiebeln und Chiliringe auf, die jede Mahlzeit aufpeppen können. Solche Mischungen bekommt man auch an den Straßenständen, und sie werden gern als Snack-to-go mitgenommen – eine willkommene Erfrischung in der feuchten Hitze Vietnams.

In den vietnamesischen Salaten geht es vor allem um Textur. Man schichtet so lange Zutaten aufeinander, bis das perfekte Gleichgewicht von knackig, bissfest und weich erreicht ist – geschmacklich steht die Balance von sauer, süß und salzig im Fokus. Zu den knackigen Elementen gehören oft saure Früchte wie grüne Mango oder Papaya, aber auch Bananenblüten, Weißkohl und Karotten. Ergänzt werden sie mit aromatischen Kräutern wie Thai-Basilikum, vietnamesischem Koriander und Perilla; dazu kann Proteinhaltiges kommen, etwa Rindfleisch oder Tofu, aber auch Quallen. Abgerundet wird das alles durch ein Dressing mit *nuoc-mam*-Sauce oder cremiger Kokosmilch.

Auf den folgenden Seiten präsentiere ich Ihnen einige meiner vietnamesischen Lieblingssalate.

BÁNH TẰM BÌ

Nudeln mit Schweinefleisch und Kokosdressing

Für 4 Personen

Meine Frau liebt diesen Salat! Ihrer Meinung nach ist das die perfekte Mischung aus Reisnudeln (mit ihrer besonderen Textur), frischen Kräutern, zartem Schweinefleisch (wer liebt es nicht?) und cremiger Kokosmilch. Ein wirklich großartiger Nudelsalat und jede Mühe wert.

Das »gezupfte« Schweinefleisch kann auch viele andere vietnamesische Speisen bereichern, von Nudelgerichten bis *banh mi* – experimentieren Sie also ruhig damit.

300 g *bun* (dünne Reisnudeln)
180 g Bohnensprossen, blanchiert
1 Kopfsalat, in Streifen geschnitten
1 Mini-Gurke, in streichholzgroße Stäbchen geschnitten
60 ml Frühlingszwiebel-Öl (siehe Seite 207)
1 Handvoll Kräuter, wie vietnamesischer Koriander, grob gehackt
200 g Karotten-Rettich-Pickles (siehe Seite 209)
50 g Röstzwiebeln (siehe Seite 212)
250 ml *nuoc-mam*-Dipsauce (siehe Seite 206)

»Gezupftes« Schweinefleisch
500 g Schweineschulter ohne Knochen
100 g Jasminreis
50 g gekochte Schweineschwarte, in dünne Streifen geschnitten (siehe Anmerkung)
2 Knoblauchzehen, fein gehackt
1 EL Zucker
1 EL Salz
3 EL Knoblauchöl (siehe Seite 212)

Kokosdressing
500 ml Kokosmilch
1 TL Zucker
1 TL Salz

1 Mit dem Schweinefleisch beginnen: In einem großen Topf reichlich Wasser zum Kochen bringen. Das Fleisch darin 40 Minuten garen. Anschließend zum Abkühlen in eine Schüssel mit Eiswasser geben. Abtropfen lassen, dann mit Küchenpapier trockentupfen.

2 Während das Fleisch gart, in einer trockenen Pfanne den Reis bei mittlerer Temperatur 20–30 Minuten goldbraun rösten, dabei häufig umrühren. Den Reis aus der Pfanne nehmen und nach dem Abkühlen im Mixer fein zerkleinern.

3 Die Nudeln nach Packungsangabe garen. In ein Sieb abgießen und unter fließendem kaltem Wasser abkühlen. Zum Abtropfen beiseitestellen.

4 Für das Kokosdressing die Kokosmilch in einem Topf bei mittlerer Temperatur erhitzen. Den Zucker und das Salz dazugeben und umrühren, bis beides aufgelöst ist. 10 Minuten köcheln lassen, bis die Kokosmilch cremig eingedickt ist.

5 Das Fleisch in streichholzgroße Streifen schneiden, sodass es wie gezupft aussieht, und in eine Schüssel geben. Die Schweineschwarte unter kaltem Wasser abspülen und abtropfen lassen, dann ebenfalls in die Schüssel geben, gefolgt von dem zerkleinerten Reis, dem Knoblauch, Zucker, Salz und Knoblauchöl. Alles gut durchmischen.

6 Zum Servieren die Bohnensprossen auf vier Schalen verteilen. Die Nudeln dazugeben und darauf das Fleisch anrichten. Alles großzügig mit Kokosdressing beträufeln. Salatstreifen, Gurke und Frühlingszwiebel-Öl dazugeben, mit Kräutern, Pickles und Röstzwiebeln abschließen. Die Dipsauce separat servieren, damit sich jeder davon bedienen kann.

Anmerkung: Gekochte Schweineschwarte findet man fix und fertig vorbereitet im Asiamarkt. Die Schwarte wird vollständig vom Fett befreit, dann gekocht und in sehr feine Streifen geschnitten.

GỎI TÔM BƯỞI

Garnelen-Pomelo-Salat

Für 4 Personen

Die Pomelo, die eine gewisse Ähnlichkeit mit der Grapefruit hat, ist in Südostasien zu Hause und taucht in vietnamesischen Salaten häufiger auf. Hier steuert sie sowohl Süße wie auch erfrischende Säure bei und liefert damit einen schönen Kontrast zu den fleischigen Garnelen.

1 kleine Pomelo
12 mittelgroße gegarte Garnelen, geschält und vom Darm befreit
1 Bund Minze, Blätter abgezupft
1 Bund vietnamesischer Koriander, Blätter abgezupft
2 Stängel Thai-Basilikum, Blätter abgezupft
150 g Karotten-Rettich-Pickles (siehe Seite 209)
2 lange rote Chilischoten, entkernt und in dünne Streifen geschnitten
2 Mini-Gurken, der Länge nach halbiert und schräg in Scheiben geschnitten
2 EL Röstzwiebeln (siehe Seite 212)

Nuoc-Mam-Dressing
150 ml *nuoc-mam*-Dipsauce (siehe Seite 206)
2 Knoblauchzehen, fein gehackt
1 Bird's-Eye-Chilischote, in dünne Ringe geschnitten

1 Von der Pomelo zunächst die Schale abziehen, dann die Frucht auseinanderbrechen. Segment für Segment vorsichtig die Haut öffnen und das Fruchtfleisch herauslösen. So ist sichergestellt, dass die Segmente nicht beschädigt werden. Die Segmente in mundgerechte Stücke teilen.

2 Für das Dressing die Zutaten in einer kleinen Schüssel verquirlen.

3 Die Salatzutaten mit Ausnahme der Röstzwiebeln in eine große Schüssel geben. Das Dressing hinzufügen, alles durchmischen und auf einer großen Servierplatte anrichten.

4 Den Salat mit den Röstzwiebeln bestreuen und sofort servieren.

Für 4–6 Personen

GỎI ĐU ĐỦ TÔM THỊT

Garnelensalat mit Schweinefleisch und grüner Papaya

In ganz Südostasien wird grüne Papaya gern für Salate verwendet; dieses vietnamesische Rezept ist dafür ein gutes Beispiel – ein ganz einfacher und köstlicher Salat, der von vielen unterschiedlichen Texturen lebt.

200 g Schweinebauch
Salz
1 l Pflanzenöl, zum Frittieren
16 Garnelencracker
12 mittelgroße gegarte Garnelen, geschält und vom Darm befreit
½ kleine grüne Papaya, in Streifen geschnitten
1 Bund Thai-Basilikum, Blätter abgezupft
1 Bund Perilla, Blätter abgezupft und in dünne Streifen geschnitten (nach Belieben)
1 Bund vietnamesischer Koriander, Blätter abgezupft
100 g Karotten-Rettich-Pickles (siehe Seite 209)
3 EL geröstete Erdnüsse (siehe Seite 213)

Nuoc-Mam-Dressing
200 ml *nuoc-mam*-Dipsauce (siehe Seite 206)
2 Knoblauchzehen, fein gehackt
2 Bird's-Eye-Chilischoten, in dünne Ringe geschnitten

1 Den Schweinebauch in einen Topf legen und mit kaltem Wasser bedecken. Salzen, dann zum Kochen bringen und 20 Minuten köcheln lassen, bis das Fleisch durchgegart ist. Herausheben und in eine Schüssel mit Eiswasser geben, um den Garprozess sofort zu stoppen. Zum Abtropfen auf Küchenpapier legen, dann in dünne Scheiben schneiden.

2 Für das Dressing die Zutaten in einer kleinen Schale verquirlen.

3 In einem großen Topf das Öl auf 180 °C erhitzen – die Temperatur mit einem Küchenthermometer kontrollieren. Die Garnelencracker darin portionsweise einige Sekunden frittieren, bis sie aufpuffen und ihre Größe verdoppelt haben. Mit einem Schaumlöffel herausheben und auf einem mit Küchenpapier ausgelegten Teller abtropfen lassen.

4 Das Fleisch, die Garnelen, Papaya, Kräuter und Pickles in eine große Schüssel geben und mit dem Dressing vermischen.

5 Den Salat auf einer großen Servierplatte oder in einer flachen Schüssel anrichten und mit den Erdnüssen bestreuen. Die Garnelencracker am Rand verteilen und den Salat sofort servieren.

GỎI SỨA THỊT VỊT

Salat mit Entenbrust und Qualle

Für 4 Personen

Eine ungewöhnliche Kombination, aber dieser Salat lebt von den unterschiedlichen Texturen, die Entenbrust und Qualle beisteuern. Letztere bringt kein ausgeprägtes eigenes Aroma mit und freut sich über das Dressing. Ihre besondere Konsistenz ist durch nichts anderes zu ersetzen.

200 g blanchierte Quallen, in Streifen geschnittten (siehe Anmerkung)
3 Entenbrustfilets, mit Haut
Salz
2 EL Pflanzenöl
1 Bund Minze, Blätter abgezupft
1 Bund vietnamesischer Koriander, Blätter abgezupft
1 Mini-Gurke, der Länge nach halbiert und in Scheiben geschnitten
100 g Karotten-Rettich-Pickles (siehe Seite 209)
100 g Bohnensprossen
3 EL Röstzwiebeln (siehe Seite 212)

Galgant-Dressing
200 ml *nuoc-mam*-Dipsauce (siehe Seite 206)
2 Bird's-Eye-Chilischoten, in dünne Ringe geschnitten
2 Knoblauchzehen, fein gehackt
1 Stück Galgant (5 cm), in streichholzdünne Streifen geschnitten

1 Die Quallen unter fließendem kaltem Wasser 10 Minuten abspülen. Auf einem mit Küchenpapier ausgelegten Teller abtropfen lassen.

2 Für das Dressing die Zutaten in einer kleinen Schüssel verquirlen.

3 Die Haut der Entenbrüste mit einem Messer rautenförmig einschneiden, dann mit Salz einreiben. Auf der Fleischseite Sehnen und Silberhaut entfernen.

4 In einer Pfanne bei mittlerer bis hoher Temperatur das Öl erhitzen. Die Entenbrüste darin auf der Hautseite 7 Minuten goldbraun anbraten, dann umdrehen und weitere 5 Minuten braten. Aus der Pfanne nehmen und 5 Minuten ruhen lassen, dann in kleine Stücke schneiden.

5 Qualle, Entenbrust, Kräuter, Gurke, Pickles und Bohnensprossen in eine große Schüssel geben und mit dem Dressing vermischen. Auf einer großen Servierplatte verteilen, mit den Röstzwiebeln bestreuen und auf den Tisch bringen.

Anmerkung: Vakuumverpackte blanchierte und in Scheiben geschnittene Quallen findet man im Asiamarkt.

GỎI BẮP CHUỐI TÀU HŨ CHIÊN

Salat mit Bananenblüte und frittiertem Tofu

Für 4 Personen

Bananenblüten finden in der vietnamesischen Küche häufiger Verwendung, vor allem in Suppen und Salaten. Sie sind schön knackig und nehmen Aromen gut auf. Hier habe ich sie mit weichem Tofu zusammengebracht – eine Kombination, die kaum zu schlagen ist.

1 Zitrone
1 Bananenblüte
2 l Pflanzenöl, zum Frittieren
1 Packung fester Tofu (200 g), in dünne Scheiben geschnitten
4 vietnamesische Reiscracker mit Sesam
1 Bund Minze, Blätter abgezupft
1 Bund Perilla, Blätter abgezupft
1 lange rote Chilischote, entkernt und in dünne Streifen geschnitten
1 Mini-Gurke, in streichholzgroße Stäbchen geschnitten
3 EL geröstete Erdnüsse (siehe Seite 213)
2 EL Röstzwiebeln (siehe Seite 212)

Zitrus-Soja-Dressing
100 ml weiße oder helle Sojasauce
100 ml Kokoswasser
2 Bird's-Eye-Chilischoten, in dünne Ringe geschnitten
30 ml frisch gepresster Zitronensaft

1 Eine große Schüssel mit Wasser füllen und den Saft der Zitrone hineinpressen.

2 Von der Bananenblüte die äußeren Schichten ablösen, bis das helle Innere zum Vorschein kommt. Die Bananenblüte der Länge nach halbieren und die Knospen im Inneren entfernen. Die Blüte in dünne Scheiben schneiden und in das Zitronenwasser geben, damit sie sich nicht verfärben. Dann in ein Sieb abgießen und 5–10 Minuten unter fließendem kaltem Wasser abspülen, um austretende Flüssigkeit vollständig zu entfernen. Zum Abtropfen beiseitestellen.

3 Für das Dressing die Zutaten in einer kleinen Schüssel verquirlen.

4 In einem Wok oder in einem großen Topf das Öl auf 180 °C erhitzen – die Temperatur mit einem Küchenthermometer kontrollieren. Die Tofustücke portionsweise 2–3 Minuten frittieren, bis sie knusprig sind. Mit einem Schaumlöffel herausheben und auf einem mit Küchenpapier ausgelegten Teller abtropfen lassen.

5 Inzwischen die Reiscracker rösten: dafür ein Drahtgitter auf einen Gasbrenner stellen und eine kleine Flamme einstellen. Einen Reiscracker auf das Gitter legen und mithilfe einer Grillzange vorsichtig über der Flamme hin- und herbewegen. Er ist zunächst durchsichtig, wird dann weiß und pufft zum Schluss auf. Die übrigen Cracker genauso rösten und alle auf einen großen Teller legen.

6 Bananenblüte, Tofu, Kräuter, Chilistreifen und Gurke in eine große Schüssel geben und mit dem Dressing vermischen. Den Salat in eine Servierschale füllen. Mit Erdnüssen und Röstzwiebeln bestreuen und zusammen mit den Crackern sofort servieren.

Für 4 Personen

GỎI GÀ

Geflügelsalat

Das ist in Vietnam einer der populärsten Salate überhaupt, jeder liebt ihn. Er ist schnell gemacht und wirklich köstlich.

2 Stängel Zitronengras, nur das Weiße, leicht zerdrückt
4 lange rote Chilischoten
4 große Hähnchenbrustfilets, mit Haut
2 l Pflanzenöl, zum Frittieren
16 Garnelencracker
200 ml *nuoc-mam*-Dipsauce (siehe Seite 206)
30 g Röstzwiebeln (siehe Seite 212)

Salat
200 g Weißkohl, in dünne Streifen geschnitten
100 g Rotkohl, in dünne Streifen geschnitten
150 g Karotten-Rettich-Pickles (siehe Seite 209)
1 Bund Minze, Blätter abgezupft
1 Bund vietnamesischer Koriander, Blätter abgezupft
1 Bund Perilla, Blätter abgezupft

1 In einen großen Topf 2 l Wasser, das Zitronengras und eine der Chilischoten geben. Bei mittlerer bis hoher Temperatur zum Kochen bringen. Die Hähnchenbrustfilets darin 30 Minuten köcheln lassen, bis das Fleisch durchgegart ist. Für die Garprobe den dicksten Teil einer Brust einstechen: der austretenden Saft sollte klar sein. Das Fleisch zum Abtropfen in ein Sieb geben und zum Abkühlen beiseitestellen.

2 In einem großen Topf das Öl auf 180 °C erhitzen – mit einem Küchenthermometer kontrollieren. Die Garnelencracker portionsweise einige Sekunden frittieren, bis sie aufpuffen und ihre Größe verdoppelt haben. Mit einem Schaumlöffel herausheben und auf einem mit Küchenpapier bedeckten Teller abtropfen lassen.

3 Von den abgekühlten Hähnchenbrustfilets die Haut abziehen und entsorgen. Das Fleisch mit den Händen in kleine Stücke teilen.

4 Die restlichen Chilischoten in dünne Ringe schneiden.

5 Die Zutaten für den Salat in eine Servierschüssel geben und das Fleisch darauf anrichten. Den Salat mit Dipsauce beträufeln. Die Garnelencracker am Rand der Schüssel verteilen. Alles mit Chiliringen und Röstzwiebeln bestreuen und servieren.

68

GỎI BÒ TÁI CHANH

Rindfleischsalat

Für 4 Personen

Eine Art Ceviche mit Rindfleisch – reichlich Zitronensaft sorgt hier für schöne Frische. Wer möchte, kann das Fleisch auch kurz blanchieren, bevor es mit dem Zitronensaft übergossen wird.

800 g Rinderfilet oder Sirloin-Steak, in dünne Scheiben geschnitten
300 ml Zitronensaft
1 Mini-Gurke, der Länge nach halbiert und schräg in Scheiben geschnitten
1 Bund vietnamesischer Koriander, Blätter abgezupft
1 rote Zwiebel, halbiert und in dünne Scheiben geschnitten
150 g Karotten-Rettich-Pickles (siehe Seite 209; nach Belieben)
3 EL Röstzwiebeln (siehe Seite 212)
3 EL geröstete Erdnüsse (siehe Seite 213)

Ceviche-Dressing
100 ml *nuoc-mam*-Dipsauce (siehe Seite 206)
3 Bird's-Eye-Chilischoten, in dünne Ringe geschnitten
2 Knoblauchzehen, zerdrückt
30 ml frisch gepresster Zitronensaft

1 Das Fleisch in eine säurebeständige Schüssel geben und mit dem Zitronensaft übergießen. Gut durchmischen und dafür sorgen, dass das Fleisch von dem Saft bedeckt ist. Für 7–10 Minuten beiseitestellen, damit die Säure das Fleisch »gart«.

2 Für das Dressing alle Zutaten in einer kleinen Schüssel verquirlen.

3 Das Fleisch kurz abtropfen lassen, dann in eine große Schüssel geben. Gurke, Koriander, Zwiebel und Pickles (falls verwendet) hinzufügen und alles gut mischen. Das Dressing unterheben und den Salat in eine Servierschale geben. Vor dem Servieren mit Röstzwiebeln und Erdnüssen bestreuen.

330 ml

NUDEL-SUPPEN

Ist es nicht wirklich erstaunlich, dass sich in einem heißen Land wie Vietnam ausgerechnet Nudelsuppe so großer Beliebtheit erfreut? In jeder Region, in jeder Stadt und sogar in jedem Dorf gibt es eigene Varianten. Auf den Straßen der Großstädte findet man sie alle, weil es Menschen auf der Suche nach einem besseren Leben aus allen Winkeln des Landes dorthin zieht. Es sind gerade die Suppen, die ich am meisten vermisse, wenn ich nicht in Vietnam bin – eine leichte Brühe zum Beispiel oder eine fermentierte Fischsuppe mit ihrem strengem Geschmack.

Die berühmteste vietnamesische Suppe ist natürlich *pho.* Sie kommt schon morgens zum Frühstück auf den Tisch und fühlt sich an wie eine tröstliche Umarmung. Ich verbinde *pho* mit Wärme und Freude, und das liegt auch daran, dass man so eine dampfende Suppe gut im Kreis der Familie genießen kann.

Pho besteht aus einer heißen, erdigen Brühe mit weichen Nudeln und zartem Huhn oder in dünne Scheiben geschnittenem Rindfleisch, manchmal finden auch Innereien wie Kutteln oder Herz Verwendung.

Die Zubereitung variiert von Region zu Region. Im Norden ist die Brühe leicht und delikat, mit reichlich Ingwer; dazu serviert man eingelegte Zwiebeln, blanchierte Bohnensprossen und Chilistreifen in Fischsauce. Im Süden ist die Brühe reichhaltiger und stärker gewürzt, die Beigaben sind zahlreich; in der Mitte des Landes ist die Brühe wiederum leicht und mit Chili und Zitronengras gewürzt. Hier serviert man sie unter anderem mit Salatblättern, Pickles, Chili und Knoblauch.

In meinem Restaurant *Pho Nom* serviere ich *pho* nach einem Rezept meiner Mutter. Für eine aromatische Brühe sorgen Rinderbrust, Ochsenschwanz und kräftige Gewürze, Geschmacksverstärker sind tabu. Damit die Brühe maximalen Geschmack entwickelt, muss sie lange reduziert werden.

RICE STICK
REISNUDELN
MEKONG
SOUP NOODLES
Phở
Đặc biệt bột gạo
Mềm dẻo
牛肉雞肉粉
BÁNH CANH
THƯỢNG HẠNG
Net 1kg
BÚN BÒ HUẾ

BÚN RIÊU

Nudelsuppe mit Krebsklößchen

Für 8 Personen

Lassen Sie sich nicht von der Länge des Rezepts abschrecken – das Ergebnis ist fantastisch, und ich verspreche Ihnen: alle werden ein Nachschlag verlangen!

200 g gestocktes Schweineblut (siehe Anmerkung), in 3 cm große Würfel geschnitten
250 g frittierter gewürfelter Tofu
4 reife Tomaten, in Spalten geschnitten
450 g *bun* (dünne Reisnudeln)
1 Bund Frühlingszwiebeln, in dünne Scheiben geschnitten, zum Servieren
1 Bund Koriander, Blätter abgezupft, zum Servieren

Brühe
1 kg Schweineknochen (am besten von der Haxe)
2 kg Hühnerknochen
1 kg Schweinehaxe, in 8 etwa 3 cm dicke Scheiben gehackt (das erledigt der Fleischer für Sie)
300 ml Fischsauce
100 g Zucker
2 EL Salz

Krebsklößchen
1 EL Pflanzenöl
2 Knoblauchzehen, fein gehackt
2 Schalotten, fein gehackt
200 g Krebspaste mit Sojaöl (siehe Anmerkung)
70 g getrocknete Garnelen, mindestens 2 Stunden in Wasser eingeweicht, abgetropft und fein gehackt
500 g Schweinehack
2 Eier
250 g ausgelöstes Fleisch von einem Taschenkrebs
1 EL Fischsauce
2 TL Zucker

Salat
500 g Wasserspinat
1 kg Bohnensprossen
1 Bund Minze, Blätter abgezupft (nach Belieben)
1 Bund Perilla, Blätter abgezupft
Garnelenpaste, zum Servieren (nach Belieben)

1 Für die Brühe die Knochen unter fließendem Wasser abspülen. In einen großen Topf (10 l) legen, mit Wasser bedecken und zum Kochen bringen. 10 Minuten kochen lassen, dann in ein Sieb abgießen und erneut abspülen. Die Knochen zurück in den gesäuberten Topf geben und fast bis zum Rand mit Wasser auffüllen. Wieder zum Kochen bringen und den Schaum von der Oberfläche abschöpfen. Das Fleisch dazugeben, die Temperatur reduzieren und alles 45 Minuten köcheln lassen, bis das Fleisch weich ist. Herausnehmen und zum Abkühlen beiseitestellen. Die Brühe mit den Knochen weitere 3–4 Stunden köcheln lassen, bis sie um 20–30 % reduziert ist. Mit Fischsauce, Zucker und Salz würzen, dann durch ein Sieb in einen sauberen Topf abgießen; die Knochen entsorgen.

2 Für die Krebsklößchen das Öl in einer Pfanne bei mittlerer Temperatur erhitzen. Knoblauch und Schalotten darin 2–3 Minuten anbraten. Die Krebspaste und die Garnelen dazugeben und alles 5 Minuten erhitzen, dann zum Abkühlen in eine Schüssel geben. Hackfleisch, Eier und Taschenkrebsfleisch untermischen, die Masse mit Fischsauce und Zucker würzen.

3 Für den Salat die Wasserspinatblätter von den Stängeln zupfen und für eine andere Verwendung beiseitelegen. Die Stängel in dünne Streifen schneiden (siehe Seite 16) und in kaltes Wasser legen. Vor dem Servieren abtropfen lassen und in eine Schüssel geben.

4 Die übrigen Salatzutaten mit Ausnahme der Garnelenpaste in einzelnen Schalen oder auf einer Servierplatte anrichten.

5 In einem Topf Wasser zum Kochen bringen und das gestockte Schweineblut darin 10 Minuten erhitzen. Anschließend in Eiswasser abkühlen lassen; dann zum Abtropfen beiseitestellen.

6 Jetzt geht es weiter mit den Krebsklößchen: Die Brühe wieder zum Kochen bringen. Von der Krebsmasse golfballgroße Kugeln abstechen und portionsweise in die Brühe geben. Die Temperatur reduzieren, sodass die Brühe nur noch köchelt. Wenn die Klößchen an die Oberfläche gestiegen sind, noch 5 Minuten garen, dann mit einem Schaumlöffel herausheben.

7 Den Tofu und die Tomaten in die Brühe geben und 10 Minuten mitgaren.

8 Die Nudeln nach Packungsangabe garen, dann in ein Sieb abgießen und unter fließendem kaltem Wasser abkühlen. Zum Abtropfen beiseitestellen.

9 Die Nudeln auf Schalen verteilen, die Brühe mit Tomaten und Tofu dazugeben. Krebsklößchen, Schweineblut und Fleisch hinzufügen, alles mit Frühlingszwiebeln und Koriander bestreuen und servieren.

10 Salat und Garnelenpaste separat servieren, damit sich am Tisch jeder selbst bedienen kann.

Anmerkung: Gestocktes Schweineblut bekommt man fertig im Asiamarkt, ebenso Krebspaste mit Sojaöl.

Für 8–10 Personen

HỦ TIẾU NAM VANG

Nudelsuppe aus Phnom Penh

Meine Eltern hatten ein Restaurant in Phnom Penh, und dort servierten sie ausschließlich diese Suppe, ein traditionelles Gericht aus der kambodschanischen Hauptstadt – *nam vang* heißt nichts anderes als »Phnom Penh«. Inzwischen ist die Suppe auch in Vietnam heimisch geworden, aber ich glaube, meine Mutter macht immer noch die allerbeste. Hier ist ihr Rezept.

1 kg Tintenfischtuben, aufgeschnitten und kreuzweise eingeritzt
16 rohe Garnelen, geschält und vom Darm befreit, die Schwanzflosse bleibt intakt
300 g Schweineleber
500 g Schweinehack
400 g flache, dünne *bun* (Reisnudeln)
160 ml Knoblauchöl (siehe Seite 212)
1 Bund Frühlingszwiebeln, in dünne Scheiben geschnitten, zum Garnieren
1 Bund Koriander, Blätter abgezupft, zum Garnieren
2 EL frisch gemahlener weißer Pfeffer, zum Garnieren
4 EL gehackter fermentierter Rettich (siehe Anmerkung), zum Garnieren

Brühe
2 kg Schweineknochen
3 kg Hühnerknochen
1 kg ausgelöste Schweinelende
2 getrocknete Tintenfische (siehe Anmerkung), abgespült
40 g getrocknete Garnelen
1 Daikon-Rettich
3 fermentierte Rettiche (siehe Anmerkung)
1 Knolle Knoblauch, halbiert
60 g Salz
300 ml Fischsauce
150 g Zucker

Zum Servieren
1 kg Bohnensprossen
4 Bird's-Eye-Chilischoten, in Ringe geschnitten
Sojasauce
Zitronenspalten (nach Belieben)

Anmerkung: Gehackten fermentierten Rettich und getrockneten Tintenfisch findet man im Asiamarkt oder online.

1 Für die Brühe die Knochen unter fließendem kaltem Wasser gut abspülen, um Splitter und Blut zu entfernen. In einen großen Topf (10 l) legen, mit kaltem Wasser bedecken, aufkochen und 10 Minuten kochen lassen. Dann in ein Sieb abgießen und noch einmal abspülen. Die Knochen zurück in den gesäuberten Topf geben, das Fleisch hinzufügen und den Topf bis fast zum Rand mit Wasser füllen. Alles wieder zum Kochen bringen und Schaum von der Oberfläche abschöpfen.

2 Die getrockneten Tintenfische, die getrockneten Garnelen, den Daikon, die fermentierten Rettiche und den Knoblauch in den Topf geben und alles 45 Minuten köcheln lassen, bis das Fleisch durchgegart ist. Das Fleisch in eine Schüssel mit Eiswasser geben und 10 Minuten abkühlen lassen. Dann in dünne Scheiben schneiden.

3 Die Brühe weitere 4–5 Stunden köcheln lassen, bis sie um etwa 20 % reduziert ist. Mit Salz, Fischsauce und Zucker würzen, dann durch ein Sieb in einen sauberen Topf abgießen, die festen Bestandteile entsorgen. Die Brühe bei niedriger Temperatur warm halten.

4 In einem Topf Wasser zum Kochen bringen, die Tintenfische und Garnelen darin 3 Minuten garen. Mit einem Schaumlöffel herausheben und in eine Schüssel mit Eiswasser geben. Zum Abtropfen beiseitestellen.

5 Das Wasser im Topf wieder zum Kochen bringen. Die Leber darin etwa 15 Minuten garen. Dann in einer Schüssel mit Eiswasser abkühlen lassen und nach dem Abtropfen in dünne Scheiben schneiden.

6 Eine Pfanne bei mittlerer bis hoher Temperatur auf den Herd setzen und das Hackfleisch hineingeben. Eine Schöpfkelle Brühe hinzufügen und das Hackfleisch 5 Minuten garen und dabei zerteilen. Beiseitestellen.

7 In einem Topf Wasser für die Nudeln zum Kochen bringen. Die Nudeln nach Packungsangabe garen, abgießen und auf Schalen verteilen. Mit etwas Knoblauchöl beträufeln, damit sie nicht zusammenkleben. Tintenfisch, Garnelen, Leber, Schweinelende und Hackfleisch dazugeben. Die Brühe in die Schalen schöpfen, alles mit Frühlingszwiebeln, Koriander, Pfeffer und fermentiertem Rettich bestreuen und mit dem restlichen Knoblauchöl beträufeln.

8 Bohnensprossen, Chiliringe, Sojasauce und Zitronenspalten separat servieren, sodass sich am Tisch jeder davon bedienen kann.

BÚN BÒ HUẾ

Scharfe Rinderbrühe mit Nudeln

Für 8–10 Personen

Scharf! Und gut! Die berühmte Nudelsuppe aus Hue steckt voller intensiver Aromen, darunter Zitronengras und Chili. Sie treibt mir den Schweiß auf die Stirn!

200 g gestocktes Schweineblut (siehe Anmerkung Seite 134), in 3 cm große Würfel geschnitten
400 g dicke *bun* (Reisnudeln)
200 g *cha lua* (vietnamesische Wurst), in Scheiben geschnitten
1 Bund Frühlingszwiebeln, in dünne Scheiben geschnitten, zum Garnieren
1 rote Zwiebel, halbiert und in Scheiben geschnitten, zum Garnieren
1 Bund Koriander, Blätter abgezupft, zum Garnieren
4 lange rote Chilischoten, in Ringe geschnitten
4 Zitronen, in Spalten geschnitten (nach Belieben)

Brühe
5 kg Rinderknochen aus der Wade
1 kg Schweinehaxe, in 8–10 etwa 3 cm dicke Scheiben geschnitten (das macht der Fleischer für Sie)
2 kg Rindfleisch zum Schmoren
200 g Ananas, geschält, das holzige Innere entfernt, in große Stücke gehackt
4 Stängel Zitronengras, nur das Weiße, leicht zerdrückt
2 Zwiebeln, abgezogen
3 EL Salz
200 ml Fischsauce
100 g Zucker

Chili-Saté
160 ml Annatto-Öl (siehe Seite 214)
3 Schalotten, fein gehackt
2 Stängel Zitronengras, nur das Weiße, fein gehackt
4 Knoblauchzehen, zerdrückt
4 Bird's-Eye-Chilischoten, fein gehackt
3 EL Garnelenpaste
2 EL Fischsauce
2 EL Zucker
30 g Chiliflocken

Bananenblütensalat
1 Zitrone
1 Bananenblüte
500 g Bohnensprossen
1 Bund Thai-Basilikum, Blätter abgezupft
1 Bund Perilla, Blätter abgezupft
100 g Wasserspinatstängel, in feine Streifen geschnitten (siehe Seite 16)

1 Für die Brühe die Knochen und Schweinshaxe unter fließendem kaltem Wasser abspülen. In einen großen Topf (10 l) legen, mit kalten Wasser bedecken, aufkochen und 10 Minuten kochen lassen. Dann in ein Sieb abgießen und noch einmal abspülen. Alles zurück in den gesäuberten Topf geben, das Rindfleisch hinzufügen und den Topf bis fast zum Rand mit Wasser füllen. Zum Kochen bringen und Schaum von der Oberfläche abschöpfen. Die Temperatur reduzieren und die Brühe 45 Minuten köcheln lassen. Die Haxenscheiben herausnehmen, in einer Schüssel mit Eiswasser abkühlen lassen, dann zum Abtropfen beiseitestellen.

2 Ananas, Zitronengras und Zwiebeln in die Brühe geben und alles weitere 2 Stunden köcheln lassen, bis das Rindfleisch zart ist. Das Fleisch in Eiswasser abkühlen, dann abtropfen lassen. In Scheiben schneiden.

3 Die Brühe weitere 3 Stunden köcheln lassen, bis sie um 30 % reduziert ist. Mit Salz, Fischsauce und Zucker abschmecken, dann durch ein Sieb in einen sauberen Topf gießen. Bei niedriger Temperatur warm halten.

4 Für das Chili-Saté das Annatto-Öl mit Schalotten, Zitronengras, Knoblauch und Chilischoten in einen Topf geben. Bei mittlerer Temperatur 3–4 Minuten anschwitzen. Garnelenpaste, Fischsauce, Zucker und Chiliflocken hinzufügen und alles unter häufigem Rühren weitere 4–5 Minuten erhitzen. Beiseitestellen.

5 In einem Topf Wasser zum Kochen bringen und das gestockte Schweineblut darin 10 Minuten erhitzen. In Eiswasser abkühlen, dann abtropfen lassen.

6 Für den Salat eine Schüssel mit Wasser füllen und den Zitronensaft hineinpressen. Von der Bananenblüte die äußeren Schichten entfernen, bis das helle Innere zum Vorschein kommt. Die Bananenblüte der Länge nach halbieren und die Knospen im Inneren ebenfalls entfernen. Die Blüte in dünne Scheiben schneiden und in das Zitronenwasser geben. 30 Minuten stehen lassen, dann in ein Sieb abgießen und in eine Servierschale geben. Die restlichen Zutaten hinzufügen.

7 Die Brühe wieder zum Kochen bringen, die Schweinehaxe und das Chili-Saté hineingeben.

8 Die Nudeln nach Packungsangabe garen, abtropfen lassen und auf Schalen verteilen. Das gestockte Schweineblut, das Fleisch und die Wurst darauf anrichten. Etwas Brühe dazugeben und alles mit Frühlingszwiebeln, roter Zwiebel und Koriander bestreuen. Den Salat, die Chiliringe und die Zitronenspalten (falls verwendet) separat servieren, sodass sich am Tisch jeder selbst bedienen kann.

Hanoi Gift
하노이 선물
WELCOME

BIA
23
Happy Hour
Buy 2 get 1
nachos
tacos

MÌ SỦI CẢO

Für 8–10 Personen

Hühnersuppe mit Eiernudeln und Garnelen-Sui-Cao

Diese einfache Suppe koche ich gern auf Vorrat und friere sie zusammen mit den Teigtaschen portionsweise ein. So steht ganz schnell ein warmes Essen auf dem Tisch, wenn ich spät abends hungrig nach Hause komme. Die Suppe nur aufwärmen, ein paar Nudeln kochen – und es kann losgehen.

2 EL Pflanzenöl
8–10 Portionen frische dünne Eiernudeln (ein Nest oder Bündel pro Portion)
80 ml Knoblauchöl (siehe Seite 212)
300 g gegrilltes Schweinefleisch (aus dem China-Imbiss), in Scheiben geschnitten
1 Bund Schnittsellerie, Blätter abgezupft und grob gehackt, zum Garnieren

Brühe
5 kg Hühnerknochen
1 Daikon-Rettich
2 Zwiebeln, abgezogen
1 Knolle Knoblauch, halbiert
60 g Salz
150 g Zucker
200 ml Fischsauce

Sui Cao
500 g rohe Garnelen, geschält und vom Darm befreit
2 Frühlingszwiebeln, in dünne Scheiben geschnitten
50 g Wolkenohrpilze, fein gehackt (siehe Anmerkung Seite 50)
1 Schalotte, fein gehackt
1 Knoblauchzehe, fein gehackt
1 Prise frisch gemahlener weißer Pfeffer
2 EL Fischsauce
1 EL Zucker
200 g Wantan-Teigblätter
Pflanzenöl, zum Beträufeln

Zum Servieren
500 g Bohnensprossen
4 lange rote Chilischoten, in Ringe geschnitten
2 Zitronen, in Spalten geschnitten
Sojasauce

1 Für die Brühe die Hühnerknochen gründlich abspülen, um Blut und Knochensplitter zu entfernen. Die Knochen in einen großen Topf geben und 8 l kaltes Wasser dazugießen. Zum Kochen bringen und den Schaum von der Oberfläche abschöpfen. Rettich, Zwiebeln und Knoblauch dazugeben, die Temperatur reduzieren und die Brühe 2 Stunden köcheln lassen.

2 Inzwischen die *sui cao* zubereiten: Mit einem schweren Messer die Garnelen grob hacken. In einer Schüssel mit den Frühlingszwiebeln, Wolkenohrpilzen, Schalotte, Knoblauch und weißem Pfeffer vermengen. Die Masse mit Fischsauce und Zucker abschmecken.

3 Auf jedes Wantan-Blatt 1 TL der Garnelenfüllung geben. Den Rand mit Wasser anfeuchten und das Teigblatt diagonal zu einem Dreieck zusammenfalten, dabei eingeschlossene Luft herausdrücken. Die beiden gegenüberliegenden Ecken mit Wasser anfeuchten und fest aufeinanderdrücken. So weitermachen, bis die Füllung verbraucht ist.

4 Die fertige Brühe mit Salz, Zucker und Fischsauce abschmecken, dann durch ein Sieb in einen sauberen Topf abgießen; die festen Bestandteile entsorgen. Die Brühe bei niedriger Temperatur warm halten.

5 In einem mittelgroßen Topf Wasser zum Kochen bringen. Die *sui cao* darin portionsweise 5 Minuten garen. Mit einem Schaumlöffel herausheben, auf einen Teller legen und mit etwas Öl beträufeln, damit sie nicht zusammenkleben.

6 In demselben Wasser die Nudeln portionsweise garen. Mit einer Küchenzange im Wasser bewegen, damit sie Stärke abgeben. Nach 1 Minute herausnehmen und unter fließendem Wasser abspülen, dann für weitere 15 Minuten in den Topf geben. Abtropfen lassen, dann in eine Servierschale geben und mit etwas Knoblauchöl beträufeln. Auf diese Weise sämtliche Nudeln garen.

7 Das gegrillte Schweinefleisch und die *sui cao* auf den Nudeln verteilen. Mit Brühe auffüllen und mit Sellerieblättern bestreuen. Die Bohnensprossen, Chiliringe, Zitronenspalten und Sojasauce separat servieren, damit sich jeder selbst bedienen kann.

Für 8 Personen

BÁNH CANH CUA

Suppe mit Krabben und dicken Reisnudeln

Für diese Suppe verwendet man traditionell Mangrovenkrabben, aber ich ziehe Schwimmkrabben vor, die sich leichter schälen lassen und auch süßer schmecken, wie ich finde. Meine Mutter dagegen schwört auf die großen Mangrovenkrabben. Am besten probieren Sie beides und finden selbst heraus, ob Sie hier zu den Hütern der Tradition zählen oder Neuerungen gegenüber aufgeschlossen sind!

8 Schwimmkrabben oder 4 Mangrovenkrabben, tiefgekühlt und aufgetaut (siehe Anmerkung)
1,2 kg frische *banh canh* (Tapiokanudeln; siehe Anmerkung)
2 EL frisch gemahlener weißer Pfeffer
1 Bund Frühlingszwiebeln, in dünne Scheiben geschnitten, zum Garnieren
2 lange rote Chilischoten, in Ringe geschnitten
4 Zitronen, in Spalten geschnitten

Brühe
2 kg Hühnerknochen
1 kg Schweinerippchen, in 5 cm große Stücke geschnitten (das macht der Fleischer für Sie)
2 Zwiebeln, abgezogen
1 Knolle Knoblauch, halbiert
300 ml Fischsauce
200 g Zucker
100 g Speisestärke

Krebsfleisch-Mix
80 ml Annatto-Öl (siehe Seite 214)
2 Knoblauchzehen, zerdrückt
3 Schalotten, fein gehackt
300 g ausgelöstes Fleisch von einem Taschenkrebs
2 EL Fischsauce
1 EL Zucker

1 Für die Brühe Hühnerknochen und Rippchen unter fließendem kaltem Wasser gründlich abspülen, um Blut und Knochensplitter zu entfernen. Die Knochen in einen großen Topf geben (10 l), mit kaltem Wasser bedecken, aufkochen und 10 Minuten kochen lassen. Dann in ein Sieb abgießen und erneut abspülen. Zurück in den gesäuberten Topf geben, den Topf fast bis zum Rand mit Wasser füllen, alles wieder zum Kochen bringen und den Schaum von der Oberfläche abschöpfen. Die Brühe bei reduzierter Temperatur 1 Stunde köcheln lassen, dann die Zwiebeln und den Knoblauch dazugeben. Weitere 2 Stunden köcheln lassen, bis die Brühe um 30 % reduziert ist.

2 Für den Krebsfleisch-Mix das Annatto-Öl in einem Topf bei mittlerer Temperatur erhitzen. Den Knoblauch und die Schalotten dazugeben und 5–7 Minuten anschwitzen, bis sie weich sind. Das Krebsfleisch unterrühren und die Masse mit Fischsauce und Zucker abschmecken. Weitere 5 Minuten köcheln lassen, dann beiseitestellen.

3 Einen großen Dämpfkorb aus Bambus auf einen Topf mit köchelndem Wasser setzen und einen Teller in den Korb stellen. Die Krabben, falls nötig portionsweise, 10 Minuten dämpfen, bis sie durchgegart sind. Die Flüssigkeit, die sich auf dem Teller gesammelt hat, durch ein Sieb in den Krebsfleisch-Mix gießen und unterrühren.

4 Die fertige Brühe durch ein Sieb in einen sauberen Topf gießen. Die Hühnerknochen entsorgen, die Rippchen zurück in die Brühe geben. Den Krebsfleisch-Mix hinzufügen und die Suppe mit Fischsauce und Zucker abschmecken.

5 Die Speisestärke mit 100 ml Wasser glatt rühren, dann langsam in die heiße Brühe gießen und rühren, damit sich keine Klümpchen bilden.

6 Die Nudeln in einem Topf mit kochendem Wasser 3–4 Minuten garen, dann abtropfen lassen und auf Servierschalen verteilen. Mit Brühe auffüllen und eine Schwimmkrabe oder die Hälfte einer Mangrovenkrabbe dazugeben. Mit Frühlingszwiebeln bestreuen. Die Chiliringe und Zitronenspalten separat servieren, damit sich am Tisch jeder selbst bedienen kann.

Anmerkung: Tiefgekühlte Schwimm- und Mangrovenkrabben findet man im Asiamarkt, ebenso wie frische *banh-canh*-Nudeln.

CHÁO GÀ

Hühnchen-Congee

Für 4 Personen

In den Wintermonaten kochen wir das in meinem Restaurant *Annam* oft für die Angestellten. Eine heiße Suppe wie diese macht satt und tut einfach gut; obendrein ist die Zubereitung ganz einfach.

200 g Jasminreis
2 EL Salz
1 EL Zucker
frisch gemahlener weißer Pfeffer, zum Bestreuen
1 Bund Frühlingszwiebeln, in dünne Scheiben geschnitten, zum Garnieren

Hühnerbrühe
1 kg Hühnerknochen
1 Huhn (1 kg)
1 Zwiebel, abgezogen
2 Knoblauchzehen

Zum Servieren
1 Zitrone, in Spalten geschnitten
4 Bird's-Eye-Chili-Schoten, in dünne Ringe geschnitten (nach Belieben)
1 kg Bohnesprossen
3 EL Röstzwiebeln (siehe Seite 212)
Maggi-Würze

1 Für die Brühe die Hühnerknochen abspülen, um Blut und Knochensplitter zu entfernen. In einen großen Topf geben, das Huhn hinzufügen und mit 3 l Wasser bedecken. Alles zum Kochen bringen, den Schaum von der Oberfläche abschöpfen. Die Temperatur reduzieren, die Zwiebel und den Knoblauch hinzufügen und die Brühe 30 Minuten köcheln lassen. Das Huhn aus dem Topf nehmen und zum Abkühlen beiseitestellen. Die Brühe durch ein Sieb gießen, die festen Bestandteile entsorgen.

2 Den Reis mit 2 l von der Brühe in einen Topf geben. Zum Kochen bringen und 40 Minuten garen, bis der Reis sehr weich ist. Die Suppe sollte dicklich sein, etwa wie Porridge. Mit Salz und Zucker abschmecken.

3 Von dem Huhn das Fleisch ablösen und in die Suppe geben. Die Knochen entsorgen.

4 Zum Servieren das *congee* auf Schalen verteilen und mit Pfeffer und Frühlingszwiebeln bestreuen. Zitronenspalten, Chiliringe (falls verwendet) und Bohnensprossen separat servieren, damit sich am Tisch jeder selbst bedienen kann. Die Maggi-Flasche nicht vergessen!

Feuertopf

Für 4–6 Personen

Der Feuertopf ist in Vietnam außerordentlich beliebt. In Anbetracht des heißen Klimas mag das überraschend sein, aber die Wandlungsfähigkeit und Einfachheit dieses Essens sind einfach unschlagbar. Die Brühe können Sie Ihren eigenen Vorlieben anpassen, und die Zutaten wechseln je nach Jahreszeit.

Der Feuertopf wird in die Mitte des Tischs gestellt, rundherum stehen die Zutaten bereit, von denen sich jeder bedient, um sie dann in der heißen Brühe zu garen. Ein kleines Sieb oder eine lange Gabel ist dabei hilfreich. Ein Feuertopf eignet sich perfekt für eine größere Runde – man gart immer mal wieder einen Bissen in der Brühe, hat dazwischen viel Zeit für Gespräche, während man an einem *bia* (Bier) nippt.

Feuertopf ist mein Lieblingsessen. Ich mag es, dass ich mein Essen nach und nach selbst zubereiten kann und dass es eine große Auswahl von Nudeln, Suppe, Fleisch und Gemüse gibt – alles, was ich gern esse!

2 l Hühnerbrühe (siehe Seite 146)
2 TL Salz
2 TL Zucker
1 kleine Handvoll Korianderblätter
3 Frühlingszwiebeln, in dünne Scheiben geschnitten
500 g getrocknete Instant-Eiernudeln

Gemüse
200 g Shimeji-Pilze, grob zerteilt
200 g Austernpilze
200 g Wasserspinat
2 Köpfe Pak Choi, geviertelt

Fleisch und Meeresfrüchte
200 g Tintenfische, ausgenommen, Fangarme vom Körper getrennt, Körper aufgeschnitten und kreuzweise eingeritzt (nach Belieben)
12 rohe Garnelen, geschält und vom Darm befreit
4 Schwimmkrabben, gegart
300 g Sirloin-Steak (am besten Wagyu), in sehr dünne Scheiben geschnitten
12 Fischklößchen (siehe Anmerkung)
12 Rindfleischklößchen (siehe Anmerkung)
6 Fischküchlein (siehe Anmerkung)

Dipsauce
125 ml Hoisinsauce
80 g Sataysauce (aus dem Glas)
1 EL Sriracha-Chilisauce
Saft von 1 Limette

1 Für dieses Gericht braucht man einen Fonduetopf oder einen transportablen Gasbrenner, den man im Asialaden oder im Baumarkt bekommt.

2 Für die Dipsauce alle Zutaten in einer großen Schüssel verrühren, dann auf Portionsschalen verteilen.

3 Den Fonduetopf oder den Gasbrenner und einen passenden Topf auf den Tisch bringen. Die Brühe in dem Top bei mittlerer Temperatur erhitzen. Salz, Zucker, Korianderblätter und Frühlingszwiebeln hineingeben.

4 Die rohen Zutaten in Schalen oder auf Tellern anrichten, dabei Fleisch und Meeresfrüchte getrennt halten. Alles auf dem Tisch verteilen, sodass jeder sich bedienen kann.

5 Sobald die Brühe kocht, wählt jeder aus den Zutaten und gart sie in der Brühe.

6 Rechnen Sie etwa mit folgenden Garzeiten, abhängig von der Größe:

- getrocknete Instant-Eiernudeln: 5–8 Minuten
- Pilze: 5–7 Minuten
- Wasserspinat und Pak Choi 3–7 Minuten
- Tintenfische: 4–5 Minuten
- Garnelen: 3–5 Minuten
- Schwimmkrabben: nur erhitzen
- Sirloin-Steak: 1 Minute
- Fischklößchen, Rindfleischklößchen, Fischküchlein: nur erhitzen

Anmerkung: Fischklößchen, Rindfleischklößchen und Fischküchlein gibt es fix und fertig im Asiamarkt.

WIE MAN PHO ISST

Das Tolle an *pho* ist, dass man sie ganz leicht dem eigenen Geschmack anpassen kann. Sie lieben Chili? Nehmen Sie so viel Sie wollen. Eine Schwäche für Süßes? Auch kein Problem – geben Sie ein bisschen Hoisinsauce dazu. Wenn Sie das beherzigen, haben Sie etwas wirklich Einmaliges in Ihrer Suppenschale.

SCHRITT 1 – DIE BRÜHE PROBIEREN

Alle Rezepte sind unterschiedlich. Bevor Sie nachwürzen, immer zuerst die Brühe probieren. Versuchen Sie herauszufinden, ob etwas fehlt und was es sein könnte.

SCHRITT 2 – DIE SUPPE ABSCHMECKEN

Eine gute *pho* muss ausgewogen sein. Ich stelle gern Zitronenspalten bereit, falls mehr Säure gebraucht wird, Fischsauce für einen salzigen Kick, Hoisinsauce, wenn es an Süße fehlt, und Sriracha-Chilisauce zum Nachschärfen. Finden Sie heraus, was Ihnen fehlt, und geben Sie es in kleinen Mengen dazu; immer wieder probieren, bis alles perfekt ist. Und noch ein kleiner Tipp: ich mache zur *pho* gern eine Dipsauce aus Zitronengras-Saté (siehe Seite 206), Hoisinsauce und Sriracha-Chilisauce, in die man Fleisch, Meeresfrüchte oder Tofu dippen kann.

SCHRITT 3 – KRÄUTER & CO

Hier geht es um die frischen Zutaten. Bohnensprossen sind Pflicht, Sie haben nur die Wahl zwischen viel oder wenig. Immer nur kleine Mengen dazugeben, sonst kühlt die Brühe zu stark ab. Ich gebe auch gern Thai-Basilikum und Chiliringe in meine *pho.*

SCHRITT 4 – MISCHEN UND GENIESSEN!

Alles mit Stäbchen gut vermischen und genüsslich schlürfen – was in Südostasien durchaus zum guten Ton gehört!

Für 8–10 Personen

PHỞ BÒ

Pho mit Rindfleisch

Meine Lieblings-*pho*. Sie bringt ein gutes Rindfleischaroma mit und schöne Fettaugen, die sogenannte goldene Schicht. Es ist das Fett, dem diese *pho* ihr unvergleichliches Aroma verdankt.

2 kg frische *pho*-Nudeln (siehe Anmerkungen)
1 kg Rinderschulter, in sehr dünne Scheiben geschnitten
1 Zwiebel, in dünne Ringe geschnitten
1 Bund Frühlingszwiebeln, in dünne Scheiben geschnitten
1 Bund Koriander, Blätter abgezupft

Brühe
5 kg Markknochen
200 g Ingwer, ungeschält
2 große Zwiebeln, ungeschält
1 Knolle Knoblauch, halbiert
500 g Rinderbrust
1 kg Ochsenschwanz, in Stücke gehackt
15 Sternanis
2 schwarze Kardamomkapseln
2 Stangen Cassiarinde
4 Gewürznelken
1 EL Koriandersamen
60 g Salz
200 ml Fischsauce
50 g Zucker

Beigaben
1 kg Bohnensprossen
2 Bund Thai-Basilikum
2 Zitronen, in Spalten geschnitten
6 Bird's-Eye-Chilischoten, in Ringe geschnitten
Hoisinsauce
Sriracha-Chilisauce
Fischsauce

1 Für die Brühe die Markknochen gründlich abspülen, um Blut und Knochensplitter zu entfernen, dann in einen großen Topf (10 l) geben. Mit Wasser bedecken und bei hoher Temperatur zum Kochen bringen. 20–30 Minuten kochen lassen, bis kein Blut mehr austritt. Die Knochen in ein Sieb abgießen und noch einmal abspülen. Zurück in den gesäuberten Topf geben, fast bis zum Rand mit Wasser auffüllen und wieder zum Kochen bringen.

2 Inzwischen Ingwer, Zwiebeln und Knoblauch über einer offenen Gasflamme, auf dem Grill oder unter dem Backofengrill rösten, bis die Schale stark gebräunt ist. In den Topf geben, dann die Rinderbrust und den Ochsenschwanz hinzufügen. Die Brühe etwa 3 Stunden köcheln lassen, dabei den Schaum von der Oberfläche abschöpfen. Wenn das Fleisch zart ist, die Rinderbrust herausheben und abkühlen lassen; danach in den Kühlschrank stellen. Der Ochsenschwanz bleibt in der Brühe.

3 Die Brühe weitere 7–8 Stunden bei mittlerer Temperatur köcheln lassen, bis sie um 20–30 % reduziert ist.

4 Nach 5–6 Stunden in einer trockenen Pfanne bei mittlerer Hitze die Gewürze leicht rösten, bis sie duften. Alles in ein Stück Musselin binden und für die restliche Kochzeit in die Brühe geben.

5 Die fertige Brühe durch ein Sieb in einen sauberen Topf abgießen; die festen Bestandteile entsorgen. Die Brühe mit Salz und Fischsauce abschmecken, nach Bedarf auch Zucker dazugeben. Bei niedriger Temperatur bis zum Servieren warm halten.

6 In einem großen Topf reichlich Wasser zum Kochen bringen. Die Nudeln portionsweise (120–150 g) in ein kleines Metallsieb (siehe Anmerkungen) geben und für 10 Sekunden in das kochende Wasser tauchen. Dann auf Portionsschalen verteilen.

7 Die Rinderbrust in 2 mm dicke Scheiben schneiden und ebenfalls auf die Schalen verteilen. Die Rinderschulter dazugeben, gefolgt von Zwiebel, Frühlingszwiebeln und Koriander. Die Brühe in die Schalen schöpfen – in der heißen Brühe gart das rohe Fleisch.

8 Die Beigaben separat zu der Suppe servieren, damit sich am Tisch jeder davon bedienen kann.

Anmerkungen: Frische *pho*-Nudeln bekommt man im Asiamarkt. Als Alternative bieten sich schmale Reisnudeln an (sogenannte *pad-thai*-Nudeln); nach Packungsangabe garen und auf die Schalen verteilen.

Um Nudeln portionsweise zu garen, eignet sich am besten ein kleines langstieliges Metallsieb, das man ebenfalls im Asiamarkt oder über das Internet findet.

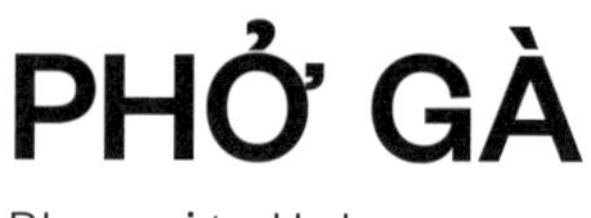

PHỞ GÀ

Pho mit Huhn

Für 8–10 Personen

Wer *pho* noch nicht kennt, sollte mit dieser Variante beginnen: die köstliche leichte Hühnerbrühe bietet einen schönen Kontrast zu den intensiven Beigaben.

2 kg frische *pho*-Nudeln (siehe Anmerkungen
1 Zwiebel, in dünne Ringe geschnitten
1 Bund Frühlingszwiebeln, in dünne Scheiben geschnitten
1 Bund Koriander, Blätter abgezupft

Brühe
3 kg Hühnerknochen
1 Suppenhuhn (nach Belieben)
200 g Ingwer, ungeschält
2 große Zwiebeln, ungeschält
1 Knolle Knoblauch, halbiert
1 Huhn (1 kg)
6 Sternanis
2 schwarze Kardamomkapseln
1 kleine Stange Cassiarinde
50 g Koriandersamen
3 EL Salz
200 ml Fischsauce
50 g Zucker

Beigaben
1 kg Bohnensprossen
2 Bund Thai-Basilikum
6 Bird's-Eye-Chilischoten, in Ringe geschnitten
3 Zitronen, in Spalten geschnitten
Sriracha-Chilisauce
Hoisinsauce
Zitronengras-Saté (siehe Seite 206)
Fischsauce

1 Für die Brühe die Hühnerknochen gründlich abspülen, um Blut und Knochensplitter zu entfernen, dann in einen großen Topf (10 l) geben. Mit Wasser bedecken und bei hoher Temperatur zum Kochen bringen. 20–30 Minuten kochen lassen, bis kein Blut mehr austritt. Die Knochen in ein Sieb abgießen und noch einmal abspülen. Dann zurück in den gesäuberten Topf geben und das Suppenhuhn (falls verwendet) hinzufügen. Den Topf fast bis zum Rand mit Wasser auffüllen und alles wieder zum Kochen bringen.

2 Inzwischen Ingwer, Zwiebeln und Knoblauch über einer offenen Gasflamme, auf dem Grill oder unter dem Backofengrill rösten, bis die Haut stark gebräunt ist. Unter fließendem Wasser abspülen, um Verbranntes zu entfernen, dann unzerteilt in die Brühe geben, gefolgt von dem Huhn. Das Huhn 15–20 Minuten garen, dann herausnehmen und zum Abkühlen in ein Sieb legen.

3 Von dem Huhn das Fleisch ablösen, die Knochen zurück in die Brühe geben. Das Fleisch in kleine Stücke teilen und beiseitestellen.

4 In einer trockenen Pfanne bei mittlerer Hitze die Gewürze anrösten, bis sie duften. In ein Stück Musselin binden und in die Brühe geben. Die Brühe bei mittlerer Hitze weitere 4–5 Stunden köcheln lassen, bis sie um 20–30 % reduziert ist.

5 Wenn die Brühe fertig ist, die Gewürze, die Knochen und das Suppenhuhn herausnehmen und entsorgen. Die Brühe durch ein feines Sieb in einen sauberen Topf abgießen. Mit Salz, Fischsauce und Zucker abschmecken. Bei niedriger Temperatur bis zum Servieren warm halten.

6 In einem großen Topf reichlich Wasser zum Kochen bringen. Die Nudeln portionsweise (120–150 g) in ein kleines Metallsieb (siehe Anmerkungen) geben und für 10 Sekunden in das kochende Wasser tauchen. Dann auf Portionsschalen verteilen. Das Hühnerfleisch dazugeben, mit heißer Brühe aufgießen und alles mit Zwiebel, Frühlingszwiebeln und Koriander bestreuen.

7 Die Beigaben separat zu der Suppe servieren, damit sich am Tisch jeder davon bedienen kann.

Anmerkungen: Frische *pho*-Nudeln bekommt man im Asiamarkt. Als Alternative bieten sich schmale Reisnudeln an (sogenannte *pad-thai*-Nudeln); nach Packungsangabe garen und auf die Schalen verteilen.

Um Nudeln portionsweise zu garen, eignet sich am besten ein kleines langstieliges Metallsieb, das man ebenfalls im Asiamarkt oder über das Internet findet.

PHỞ CHAY

Pho mit Pilzen und Tofu

Für 6–8 Personen

Wer kein Fleisch isst, wird mit dieser *pho* glücklich. Man kann für die Brühe auch andere Gemüse verwenden, aber Wurzelgemüse und Kohl eignen sich besonders gut, weil sie einen schönen runden Geschmack ergeben.

---

1 kg frische *pho*-Nudeln (siehe Anmerkungen)
500 g Tofu, in 2 cm große Würfel geschnitten
200 g Enoki-Pilze, grob zerteilt
200 g Austernpilze
1 rote Zwiebel, in dünne Streifen geschnitten
1 Bund Frühlingszwiebeln, in dünne Scheiben geschnitten
1 Bund Koriander, Blätter abgezupft

Brühe
2 Karotten
1 kleiner Chinakohl
½ Kopf Weißkohl
250 g Ingwer, ungeschält
1 Zwiebel, ungeschält
1 Knolle Knoblauch, halbiert
4 Sternanis
1 schwarze Kardamomkapsel
1 kleine Stange Cassiarinde
50 g Koriandersamen
3 EL Salz (oder nach Geschmack)
1 EL Zucker (oder nach Geschmack)

Beigaben
500 g Bohnensprossen
1 Bund Thai-Basilikum
5 Bird's-Eye-Chilischoten, in Ringe geschnitten
3 Zitronen, in Spalten geschnitten
Hoisinsauce

1 Für die Brühe die Karotten, den Chinakohl und den Weißkohl in einen großen Topf (10 l) geben und den Topf fast bis zum Rand mit Wasser füllen. Alles bei hoher Temperatur zum Kochen bringen, den Schaum von der Oberfläche abschöpfen. Die Temperatur reduzieren, sodass die Brühe nur noch köchelt.

2 Inzwischen Ingwer, Zwiebel und Knoblauch über einer offenen Gasflamme, auf dem Grill oder unter dem Backofengrill kräftig anrösten, bis die Haut stark gebräunt ist. Unter fließendem Wasser abspülen, um Verbranntes zu entfernen, dann unzerteilt in die Brühe geben.

3 In einer trockenen Pfanne bei mittlerer Hitze die Gewürze anrösten, bis sie duften. In ein Stück Musselin binden und in die Brühe geben. Die Brühe weitere 3–4 Stunden köcheln lassen, bis sie um 20–30 % reduziert ist. Durch ein Sieb in einen sauberen Topf abgießen; die festen Bestandteile entsorgen. Die Brühe mit Salz und Zucker abschmecken und bei niedriger Temperatur warm halten.

4 In einem großen Topf reichlich Wasser zum Kochen bringen. Die Nudeln portionsweise (120–150 g) in ein kleines Metallsieb (siehe Anmerkungen) geben und für 10 Sekunden in das kochende Wasser tauchen. Dann auf Portionsschalen verteilen. Den Tofu und die Pilze dazugeben, die Brühe darüberschöpfen und die Suppe mit Zwiebel, Frühlingszwiebeln und Koriander bestreuen.

5 Die Beigaben separat zu der Suppe servieren, damit sich am Tisch jeder davon bedienen kann.

Anmerkungen: Frische *pho*-Nudeln bekommt man im Asiamarkt. Als Alternative bieten sich schmale Reisnudeln an (sogenannte *pad-thai*-Nudeln); nach Packungsangabe garen und auf die Schalen verteilen.

Um Nudeln portionsweise zu garen, eignet sich am besten ein kleines langstieliges Metallsieb, das man ebenfalls im Asiamarkt findet.

REIS

Reis ist in Vietnam ein Grundnahrungsmittel. Die Snacks und Kleinigkeiten, mit denen man sich jederzeit an den Straßenständen versorgen kann, sind ja gut und schön, aber wenn es um eine richtige Mahlzeit geht, muss eine ordentliche Portion Reis im Spiel sein. Deshalb strömen die Büroangestellten zur Mittagszeit in kleine Garküchen, die preiswerte Reisgerichte anbieten – die vietnamesische Form von Fastfood. Zu einem solchen Mittagessen gehört immer auch eine Suppe sowie etwas Fleisch und Gemüse, damit man sich ausgewogen ernährt. Wenn ich zu Hause koche, dann genau so.

Für 4 Personen

CƠM TẤM

Reis mit gegrilltem Schweinekotelett

Ein sehr beliebtes Mittagessen in Vietnam – hier kommt alles auf einen Teller, was man braucht, um bis zum Abend durchzuhalten: ein Berg Reis, dazu gegrilltes Schweinekotelett, Hackbraten, ein Spiegelei und etwas Salat. Wunderbar! In Saigon gibt es ein gutes Restaurant, das dieses Gericht anbietet. Wann immer ich in der Stadt bin, gehe ich dorthin.

4 Schweinekoteletts
400 g Jasminreis
1 EL Pflanzenöl
4 Eier
2 Mini-Gurken, schräg in Scheiben geschnitten
2 Tomaten, halbiert und in Scheiben geschnitten
100 g Karotten-Rettich-Pickles (siehe Seite 209)
80 ml Frühlingszwiebel-Öl (siehe Seite 207)
250 ml *nuoc-mam*-Dipsauce (siehe Seite 206)

Marinade
3 EL Pflanzenöl
1 Prise frisch gemahlener weißer Pfeffer
2 EL fein gehacktes Zitronengras (nur das Weiße)
2 EL fein gehackter Knoblauch
2 EL Honig
100 ml Fischsauce
1 EL Zucker
1 Bird's-Eye-Chilischote, fein gehackt

Hackbraten
2 Eier
500 g Schweinehack
50 g Wolkenohrpilze, grob gehackt (siehe Anmerkung Seite 50)
60 g Glasnudeln, 1 Stunde in kaltem Wasser eingeweicht, dann abgegossen und in kurze Stücke geschnitten
1 Schalotte, fein gehackt
3 EL Fischsauce
1 EL Zucker
1 Prise frisch gemahlener weißer Pfeffer

1 Zuerst die Schweinekoteletts marinieren: Die Zutaten für die Marinade in einer Schüssel verrühren. Die Schweinekoteletts leicht klopfen, damit sie zarter werden. In die Marinade geben und darin wenden. Das Fleisch mindestens 3 Stunden marinieren, besser noch über Nacht.

2 Für den Hackbraten die Eier trennen. Das Eiweiß zu steifem Schnee schlagen und die übrigen Zutaten untermischen, das Eigelb beiseitestellen.

3 Einen Dämpfkorb aus Bambus auf einen Topf mit kochendem Wasser setzen. Eine Kastenform (etwa 25 × 12 cm) mit Alufolie auslegen. Die Hackfleischmasse hineingegeben und zugedeckt 30 Minuten dämpfen. Den Deckel abnehmen, die Oberseite des Hackbratens mit dem beiseitegestellten Eigelb bestreichen und den Hackbraten unbedeckt weitere 5 Minuten garen. Aus dem Dämpfkorb nehmen und beiseitestellen.

4 Den Reis in ein Sieb geben und unter fließendem kaltem Wasser abspülen. Abtropfen lassen, in einen Topf geben und mit Wasser bedecken (für die richtige Wassermenge gibt es eine Faustregel: den Zeigefinger auf den Reis stellen – das Wasser sollte bis zum ersten Fingergelenk reichen). Den Reis bei mittlerer bis niedriger Temperatur garen, bis er das gesamte Wasser aufgenommen hat. (Man kann den Reis auch in einem Reiskocher zubereiten.)

5 Einen Grill vorheizen (Holzkohle sollte rot glühend sein). Die Schweinekoteletts 15 Minuten grillen, dabei häufig wenden und mit der Marinade bestreichen. Das Fleisch sollte durchgegart sein.

6 In einer Pfanne das Öl bei mittlerer bis hoher Temperatur erhitzen. Die Eier hineinschlagen und zu Spiegeleiern braten, bis die Unterseite leicht knusprig ist. Auf einem mit Küchenpapier bedeckten Teller abtropfen lassen.

7 Zum Servieren den Reis auf Teller verteilen. Rund herum Gurken, Tomaten, etwas von den Pickles und je eine dicke Scheibe Hackbraten anrichten. Zum Schluss das Schweinekotelett und ein Spiegelei auf jeden Teller geben und mit Frühlingszwiebel-Öl beträufeln. Die Dipsauce separat reichen.

GÀ XÀO GỪNG

Geschmortes Ingwerhuhn

Für 4 Personen

Mein Vater macht das beste Ingwerhuhn. Er kocht nicht sehr oft, aber er kann es wirklich gut. Als ich noch klein war, stellte ich mich auf einen Hocker neben den Herd, während mein Vater mir erklärte, was er gerade machte, wie wichtig es zum Beispiel sei, den Ingwer in dem Öl ziehen zu lassen und dass das Huhn besser schmeckt, wenn man es nicht ausbeint. Zu diesem Gericht gehört unbedingt eine Schale frisch gedämpfter Jasminreis. Ein Essen für Leib und Seele!

---

1 Huhn, küchenfertig (1,8 kg)
2 EL Pflanzenöl
150 g Ingwer, geschält und in streichholzgroße Stäbchen geschnitten
50 g Zucker, eventuell etwas mehr
80 ml Fischsauce, eventuell etwas mehr
1 TL frisch gemahlener weißer Pfeffer
2 lange rote Chilischoten, in Ringe geschnitten
1 Handvoll Korianderblätter
gedämpfter Jasminreis, zum Servieren

1 Mit einem Küchenbeil oder einem großen Messer das Huhn durch das Brustbein der Länge nach halbieren. Die Keulen abtrennen und jede in drei bis vier Stücke schneiden. Die Flügel von der Brust abtrennen und die Flügelspitzen entfernen. Zum Schluss die Brust in fünf bis sechs Stücke zerteilen.

2 Das Öl und den Ingwer in eine große tiefe Pfanne mit passendem Deckel geben. Den Ingwer bei mittlerer Hitze 2–3 Minuten braten, bis er goldbraun ist, dann mit einem Schaumlöffel herausheben und zum Abtropfen auf einen mit Küchenpapier bedeckten Teller geben.

3 Die Temperatur auf niedrige Stufe herunterstellen und den Zucker in die Pfanne geben. Unter ständigem Rühren 7–10 Minuten zu hellem Karamell kochen. Nicht zu dunkel werden lassen, sonst wird er bitter.

4 Die Hühnerstücke in die Pfanne geben und schnell und ausdauernd umrühren, damit weder Huhn noch Karamell auf dem Pfannenboden ansetzen.

5 Mittlere bis niedrige Temperatur einstellen, den Ingwer und die Fischsauce dazugeben. Weiterrühren, bis die Hühnerstücke mit dem Karamell überzogen sind. Zugedeckt 30 Minuten köcheln lassen, bis das Fleisch durchgegart ist. Probieren und mit Zucker und Fischsauce nachwürzen, falls nötig.

6 Alles auf Schalen verteilen und mit Pfeffer, Chiliringen und Koriander bestreuen. Mit gedämpftem Jasminreis servieren.

THỊT KHO

Karamellisierter Schweinebauch

Für 4–6 Personen

Genau das Richtige, wenn ich im Winter etwas brauche, um mich aufzuwärmen. Mit diesem Gericht verbinde ich schöne Kindheitserinnerungen. Zum Neujahrsfest machte meine Mutter immer eine große Portion für die ganze Familie. Wenn ich mich für eine Henkersmahlzeit entscheiden müsste, wäre es ohne Zweifel *thit kho* mit gedämpftem Reis.

1 kg Schweinebauch, in 3 cm große Würfel geschnitten
2 Frühlingszwiebeln, nur das Weiße, leicht zerdrückt
2 Knoblauchzehen, zerdrückt
200 ml Fischsauce, eventuell etwas mehr
150 g Zucker, eventuell etwas mehr
1 l Pflanzenöl zum Braten und Frittieren
Kokoswasser von 2 jungen Kokosnüssen
4 Eier
gedämpfter Jasminreis, zum Servieren

Zum Garnieren
Frühlingszwiebeln, in dünne Scheiben geschnitten
1 Prise frisch gemahlener weißer Pfeffer

1 In einem großen Topf Wasser zum Kochen bringen. Den Schweinebauch darin 10–15 Minuten kochen. Dann in ein Sieb abgießen, unter fließendem kaltem Wasser abspülen und zum Abtropfen beiseitestellen.

2 Die Frühlingszwiebeln, den Knoblauch, 2 EL Fischsauce und 1 EL Zucker in eine große Schüssel geben und rühren, bis sich der Zucker aufgelöst hat. Das Fleisch hineingeben, in der Marinade wenden und für mindestens 4 Stunden oder über Nacht in den Kühlschrank stellen.

3 In einen großen Topf 2 EL Öl und den restlichen Zucker geben. Bei mittlerer Temperatur 4–6 Minuten unablässig rühren, bis der Zucker karamellisiert und goldbraun ist. Den Schweinebauch mitsamt der Marinade dazugeben und in dem Karamell wenden.

4 Die restliche Fischsauce dazugeben und alles gut durchrühren. Das Kokoswasser in den Topf gießen und genügend Wasser hinzufügen, um das Fleisch gerade zu bedecken. 1–1½ Stunden köcheln lassen, bis das Fleisch sehr zart ist. Mit Fischsauce und Zucker nachwürzen, falls nötig.

5 In der Zwischenzeit in einem Topf Wasser zum Kochen bringen, die Eier hineingeben und 6½ Minuten weich kochen. Mit einem Schöpflöffel herausheben und zum Abkühlen in eine Schüssel mit Eiswasser legen. Die Eier schälen und beiseitestellen.

6 In einem großen Topf das restliche Öl auf 180 °C erhitzen – die Temperatur mit einem Küchenthermometer kontrollieren. Die Eier in dem Öl 2–3 Minuten frittieren, bis sie goldgelb sind. Mit einem Schaumlöffel herausheben und zum Abtropfen auf einen mit Küchenpapier bedeckten Teller legen.

7 Zum Servieren das Fleisch und die Garflüssigkeit auf Schalen verteilen. Die Eier halbieren und dazugeben, alles mit Frühlingszwiebeln und weißem Pfeffer bestreuen. Mit gedämpftem Jasminreis servieren.

Für 4 Personen

CÀ CHUA NHỒI THỊT

Gefüllte Tomaten mit Dill

Ein Gericht, das vor allem in Nordvietnam in den Garküchen populär ist, in denen sich mittags die Büroangestellten versorgen. Dort bekommt man eine Auswahl an preiswerten und nahrhaften Gerichten – genau das, was man braucht, um bis zum Abend durchzuhalten.

Diese Tomaten mag ich ganz besonders, vor allem reichlich Sauce auf meinem Reis!

---

6 große Tomaten
3 EL Pflanzenöl
2 Knoblauchzehen, zerdrückt
3 Schalotten, in dünne Ringe geschnitten
2 EL Fischsauce
1 EL Zucker
1 Frühlingszwiebel, in dünne Scheiben geschnitten, zum Servieren
2 Stängel Dill, abgezupft, zum Servieren
Korianderblätter, zum Servieren
gedämpfter Jasminreis, zum Servieren

Hackfleischfüllung
500 g Schweinehack
1 Schalotte, fein gehackt
2 Frühlingszwiebeln, in dünne Scheiben geschnitten
2 Knoblauchzehen, zerdrückt
1 Prise frisch gemahlener weißer Pfeffer
3 Wolkenohrpilze, gehackt (siehe Anmerkung Seite 50)
50 g Glasnudeln, in kaltem Wasser 1 Stunde eingeweicht, dann abgetropft und in Stücke geschnitten
2 EL Fischsauce
1 EL Zucker

1 Für die Hackfleischfüllung die Zutaten in eine Schüssel geben und gut vermischen. Beiseitestellen.

2 Von den Tomaten oben einen Deckel abschneiden. Die Kerne herauskratzen und mit dem ausgetretenen Saft in einer Schüssel beiseitestellen. Zwei der Tomaten hacken und in die Schüssel zu den Kernen geben.

3 Mit einem Löffel vorsichtig die Hackfleischmasse in die ausgehöhlten Tomaten füllen. Die Masse schön fest hineindrücken, damit sie beim Garen an Ort und Stelle bleibt.

4 In einer großen Pfanne mit passendem Deckel das Öl bei mittlerer bis hoher Temperatur erhitzen. Die Tomaten mit der Oberseite nach unten hineingeben und 7–10 Minuten anbraten. Herausnehmen und auf einem Teller beiseitestellen.

5 Den Knoblauch und die Schalotten in die Pfanne geben und 5 Minuten anschwitzen, bis sie weich sind. Die Tomatenkerne mitsamt dem Saft und den gehackten Tomaten dazugeben. Alles bei mittlerer Hitze 30 Minuten köcheln lassen, dann mit Fischsauce und Zucker abschmecken. Die gefüllten Tomaten zurück in die Pfanne geben und zugedeckt noch 15 Minuten köcheln lassen, bis die Füllung durchgegart ist und sich fest anfühlt, wenn man daraufdrückt.

6 Die Tomaten mit der Sauce auf eine Servierplatte geben, mit Frühlingszwiebel, Dill und Koriander bestreuen. Mit gedämpftem Jasminreis servieren.

RAU MUỐNG XÀO TƯƠNG

Für 4 Personen

Wasserspinat aus dem Wok

Ganz einfach und dabei gut und gesund! Wasserspinat wird nicht nur in den Garküchen oft als Beilage zum Mittagessen serviert, er kommt auch zu Hause auf den Tisch, wenn sich die ganze Familie zum Essen versammelt.

2 EL Pflanzenöl
2 Knoblauchzehen, zerdrückt
1 lange rote Chilischote, der Länge nach halbiert
500 g Wasserspinat, in Stücke geschnitten
1 TL fermentierte gelbe Sojabohnen (siehe Anmerkung)

1 Den Wok bei hoher Temperatur erhitzen und das Öl hineingeben. Wenn es raucht, Knoblauch, Chili und Wasserspinat hineingeben und rasch durchrühren.

2 Dann 2 EL Wasser und die fermentierten Sojabohnen dazugeben. Alles gut mischen, auf eine Platte geben und sofort servieren.

Anmerkung: Fermentierte gelbe Sojabohnen im Glas findet man im Asiamarkt.

CANH TÔM BỊ ĐAU

Melonensuppe mit Garnelen

Für 4 Personen

Eine gute Ergänzung zu allen Gerichten in diesem Kapitel. Die Suppe ist leicht und frisch, Melonen und Garnelen verleihen ihr eine leichte Süße. In Vietnam serviert man zu Reisgerichten häufig eine Suppe. Man nimmt immer wieder einen Löffel davon, um zwischen den verschiedenen Bestandteilen des Hauptgerichts den Gaumen zu neutralisieren.

---

4 große rohe Garnelen, geschält und vom Darm befreit
2 EL Fischsauce, eventuell etwas mehr
1 EL Zucker, eventuell etwa mehr
1 TL frisch gemahlener weißer Pfeffer, plus mehr zum Garnieren
2 Frühlingszwiebeln, in dünne Scheiben geschnitten, plus mehr zum Garnieren
500 g Wintermelone (Wachskürbis), geschält und in 2 cm große Würfel geschnitten

1 Die Garnelen mit einem Messer leicht zerdrücken, dann grob hacken. In eine Schüssel geben, mit Fischsauce, Zucker und Pfeffer würzen. Die Frühlingszwiebeln dazugeben und alles gut mischen.

2 In einem mittelgroßen Topf 1,5 l Wasser zum Kochen bringen. Die Melone darin 20 Minuten köcheln lassen.

3 Die Garnelenmischung hinzufügen und die Suppe mit Fischsauce und Zucker abschmecken, falls nötig. Weitere 15 Minuten köcheln lassen.

4 Die Suppe auf Schalen verteilen, dabei Melonenstücke und Garnelen gleichmäßig verteilen. Frühlingszwiebel und Pfeffer dazugeben und sofort servieren.

Für 4 Personen

CƠM GÀ HỘI AN

Reis mit Huhn aus Hoi An

Ein sehr interessantes Gericht, das man fast ausschließlich in Hội An bekommt. Die Art der Zubereitung ähnelt dem chinesischen Heinan-Hühnchen, aber das Ergebnis gleicht eher einem Salat. Traditionell wird es mit frischer grüner Papaya und erdigem Kurkuma-Reis serviert. Ich liebe dieses Gericht.

1 Freilandhuhn (1,8 kg)
1 EL Salz
1 EL gemahlene Kurkuma
400 g Jasminreis
50 g weißer Klebreis
nuoc-mam-Dipsauce (siehe Seite 206), zum Servieren

Salat
200 g grüne Papaya, in dünne Streifen geschnitten
1 Zwiebel, in dünne Ringe geschnitten
1 Bund vietnamesischer Koriander, Blätter abgezupft
100 g Karotten-Rettich-Pickles (siehe Seite 209)

1 Das Huhn abspülen und mit Küchenpapier trockentupfen. In einem großen Topf Wasser zum Kochen bringen, das Huhn mit Salz und Kurkuma hineingeben und 15 Minuten garen. Den Herd ausschalten und das Huhn noch 25 Minuten in der Brühe stehen lassen, dann zum Abkühlen auf ein Gitter legen. Die Brühe beiseitestellen.

2 Den Reis und den Klebreis in ein Sieb geben und unter fließendem kaltem Wasser 2 Minuten abspülen, dabei die ganze Zeit in dem Sieb bewegen, damit jedes einzelne Korn abgespült wird. Den Reis abtropfen lassen, dann in einen Topf geben und so viel von der Brühe dazugießen, dass sie 2 cm über dem Reis steht. Bei mittlerer Temperatur zum Kochen bringen, die Temperatur reduzieren und den Reis 15 Minuten köcheln lassen, bis er weich ist und die Flüssigkeit aufgenommen hat.

3 Von dem Huhn die Keulen abtrennen, das Fleisch auslösen und in Stücke schneiden. Das Brustfleisch ebenfalls abtrennen und in Scheiben schneiden. Das Fleisch und die Hühnchenflügel auf einem Servierteller anrichten.

4 Für den Salat die Zutaten in einer Schüssel vermischen. Die Dipsauce auf kleine Schalen verteilen.

5 Zum Servieren Reis und Salat auf Teller verteilen. Das Huhn und die Dipsauce separat servieren, sodass sich am Tisch jeder selbst bedienen kann.

DESSERTS

In Vietnam kommt das Dessert oft in Gestalt eines süßen, kalten Getränks daher, eine willkommene Erfrischung in der Hitze. Es nennt sich *che* und wird aus Bohnen hergestellt: Mungbohnen, Kidneybohnen, rote oder schwarze Bohnen werden dafür in Zuckersirup gekocht und mit verschiedenen Gelees, Kokossahne und reichlich zerstoßenem Eis serviert. Meine Favoriten sind *che thai* und *che ba mau*, die Rezepte finden Sie in diesem Kapitel. Es gibt auch *che,* die warm serviert werden, wie *che troi nuoc* (klebrige Bällchen mit einer Füllung aus Mungbohnen in Ingwersirup) und *che bap* (süßer Maispudding).

Andere vietnamesische Desserts haben ihre Wurzeln in der französischen Kolonialherrschaft: Flan und Crème Caramel. Ich mag am liebsten letztere, vor allem, wenn sie mit bestem vietnamesischen Kaffee aromatisiert wurde.

Und in diesem Kapitel finden Sie auch eines meiner Lieblingsdesserts überhaupt: frittiertes Eis! Diese Leckerei kam mit der ersten Welle vietnamesischer Einwanderer nach Australien, wo sie bis heute unglaublich beliebt ist.

ELEPHANTS
JACK FRUIT
FRUIT JACQUIER
Eagle Coin®
GRASS JELLY
GELÉE D' HERBE

CHÈ THÁI

Vietnamesischer Obstsalat

Für 4–6 Personen

Ein typisch vietnamesischer Obstsalat mit Geleewürfeln. Die glibbrige grüne Substanz wird aus den Blättern einer Pflanze hergestellt, und man kauft sie fertig in Dosen.

1 Dose Jackfrucht (565 g)
1 Dose Longanfrüchte (565 g)
1 Dose Toddy-Palmkerne (565 g)
1 Dose *ai-yu*-Gelée (Gras-Gelee; 530 g), gewürfelt
500 ml Kokossahne
Eiswürfel oder zerstoßenes Eis, zum Servieren

Falsche Granatapfelkerne
100 g Wasserkastanien
rote Lebensmittelfarbe
100 g Tapiokastärke

1 Für die falschen Granatapfelkerne die Wasserkastanien hacken, sodass sie etwa wie Granatapfelkerne aussehen. In eine Schüssel geben und mit einigen Tropfen Lebensmittelfarbe beträufeln. Gut durchmischen und für 30 Minuten beiseitestellen.

2 In einem Topf Wasser zum Kochen bringen.

3 Die Tapiokastärke in eine Schüssel geben und die Wasserkastanienstückchen darin wenden. Überschüssige Stärke entfernen, dann die Stückchen in das kochende Wasser geben und 2–3 Minuten garen, bis sie an die Oberfläche steigen. Mit einem Schaumlöffel herausheben und in eine Schüssel mit Eiswasser geben, um den Garprozess zu beenden. In ein Sieb abgießen und beiseitestellen.

4 Den Sirup aus den Konservendosen durch ein Sieb in eine Schüssel gießen. Die Jackfrucht in mundgerechte Stücke teilen.

5 Die Früchte auf Gläser verteilen und etwas Sirup darübergießen. Einige Würfel Gras-Gelee und falsche Granatapfelkerne dazugeben, dann alles mit Kokossahne aufgießen. Etwas Eis dazugeben und servieren.

CHÈ BA MÀU

Dreifarbiges Che

Für 6 Personen

Dreifarbige Desserts sind bei den Straßenhändlern in Vietnam sehr populär. Perfekt als Abschluss einer reichhaltigen Mahlzeit oder nach einer Schale *pho*.

Pflanzenöl, zum Ausfetten
500 ml Kokossahne
Eiswürfel oder zerstoßenes Eis, zum Servieren

Pandan-Gelee
1 TL Pandan-Extrakt
110 g Zucker
2 EL Agar-Agar-Pulver

Rote Bohnen
1 Dose Kidneybohnen (400 g)
110 g Zucker

Mungbohnen
200 g Mungbohnen, über Nacht in kaltem Wasser eingeweicht
3 EL Zucker

1 Eine flache rechteckige Form (20 × 5 × 5 cm) mit Öl ausfetten.

2 Für das Pandan-Gelee die Zutaten zusammen mit 1 l Wasser in einen Topf geben. Bei mittlerer Hitze mit dem Schneebesen beständig rühren, bis der Zucker aufgelöst ist. Die Flüssigkeit durch ein Sieb in die vorbereitete Form gießen und im Kühlschrank mindestens 1 Stunde gelieren lassen.

3 Für die roten Bohnen die Kidneybohnen mit der Flüssigkeit aus der Dose, dem Zucker und 250 ml Wasser in einen Topf geben. Bei mittlerer Hitze zum Kochen bringen, dann 30 Minuten köcheln lassen. Zum Abkühlen beiseitestellen.

4 Die Mungbohnen in ein Sieb abgießen. Zusammen mit 300 ml frischem Wasser in einen Topf geben. Bei mittlerer Hitze zum Kochen bringen und 20 Minuten köcheln lassen, bis sie weich sind. Die Bohnen in ein Sieb abgießen, dann in eine Schüssel geben und den Zucker unterrühren. Alles im Mixer fein pürieren. Beiseitestellen.

5 Wenn das Pandan-Gelee fest geworden ist, auf ein Schneidebrett stürzen und mit einem Brotmesser in 5 mm breite Streifen schneiden.

6 Zum Servieren Pandan-Gelee, rote Bohnen und Mungbohnenpüree auf Gläser verteilen. Mit Kokossahne beträufeln und etwas Eis dazugeben.

Für 8 Personen

KEM CHIÊN

Frittiertes Eis mit Salzkaramell

Mit vietnamesischen Einwanderern kam frittierte Eiscreme nach Australien. Vor vielen Jahren, als mein Bruder noch zur Schule ging, erwähnte er dieses köstliche Dessert in einer Hausarbeit und wurde von seiner Lehrerin ausgelacht: »Eis kann man doch nicht frittieren«, meinte sie. Wer zuletzt lacht ...

Mit diesem Rezept müssen Sie 2 Tage vorher beginnen.

8 Kugeln Salzkaramell-Eis (à 70 g)
500 g Waffeln
150 g Mehl
3 Eier, verquirlt
2 l Pflanzenöl, zum Frittieren

Salzkaramell
220 g Zucker
90 g Butter
140 ml Schlagsahne
1½ EL Salz

1 Ein kleines Backblech mit Backpapier auslegen. Die Eiscreme-Kugeln auf dem Blech verteilen. Ins Gefrierfach stellen und über Nacht tiefkühlen.

2 Die Waffeln portionsweise im Mixer zu Krümeln verarbeiten. In einer flachen Schale beiseitestellen.

3 Das Mehl in eine zweite flache Schale füllen, das verquirlte Ei in eine dritte.

4 Jetzt muss es schnell gehen: nacheinander die Eiskugeln zuerst in dem Mehl wenden, den Überschuss abschütteln. Die Eiskugeln dann in dem verquirlten Ei wenden und zum Schluss in die Schale mit den Waffelkrümeln geben. Darin wenden, bis sie rundherum mit den Krümeln überzogen sind. Die Krümel mit den Händen andrücken (so ist das Eis beim Frittieren gut geschützt). Die panierten Eiskugeln zurück ins Gefrierfach legen und eine weitere Nacht tiefkühlen.

5 Für den Salzkaramell den Zucker in einen mittelgroßen Topf geben und bei mittlerer Temperatur erhitzen. Unter ständigem Rühren schmelzen lassen. Sobald der Zucker vollständig geschmolzen ist, nicht weiterrühren, sonst kristallisiert er aus. Den flüssigen Zucker weiter erhitzen, bis er karamellfarben ist. Die Butter dazugeben und vorsichtig mit einem Schneebesen unterrühren, dann die Sahne hinzufügen und alles gut vermischen. Den Topf vom Herd nehmen, den Karamell salzen und beiseitestellen.

6 In einem großen Topf das Öl auf 200 °C erhitzen – die Temperatur mit einem Küchenthermometer kontrollieren. Die panierten Eiskugeln portionsweise 30–40 Sekunden in dem heißen Öl frittieren, bis sie goldbraun sind. Mit einem Schaumlöffel herausheben und auf einem mit Küchenpapier bedeckten Teller abtropfen lassen.

7 Die Eiskugeln auf Teller verteilen und vor dem Servieren großzügig mit Salzkaramell beträufeln.

SỮA CHUA NẾP CẨM

Joghurt mit schwarzem Klebreis

Für 4 Personen

Ich liebe die Textur von schwarzem Klebreis. Er behält nach dem Garen einen schönen Biss, der hier perfekt mit dem cremigen Joghurt kontrastiert. Man kann auch noch frische Früchte dazugeben, zum Beispiel reife Mangos, die in Vietnam sehr beliebt sind.

---

350 g schwarzer Klebreis, über Nacht in kaltem Wasser eingeweicht
2 Pandan-Blätter
60 g geriebener Palmzucker
1 Prise Salz
500 g vietnamesischer Joghurt (siehe Seite 192)

1 Den Reis in ein Sieb geben und abspülen, dann zusammen mit den Pandan-Blättern und 1 l Wasser in einen großen Topf geben. Bei mittlerer bis hoher Temperatur zum Kochen bringen. Die Temperatur reduzieren und den Reis 30 Minuten köcheln lassen. Den Palmzucker und das Salz unterrühren, dann den Reis weitere 20 Minuten garen. Er sollte das Wasser aufgenommen haben und weich sein, aber mit etwas Biss. Den Reis in eine Schüssel umfüllen und in den Kühlschrank stellen.

2 Zum Servieren den Reis auf Gläser verteilen und den Joghurt dazugeben.

SỮA CHUA

Vietnamesischer Joghurt

Für 12 Personen

Ich werde oft gefragt, warum vietnamesischer Joghurt so anders schmeckt. Die Antwort: er wird aus gezuckerter Kondensmilch hergestellt. Deshalb ist er süßer und wird auch recht schnell fest.

1 Dose gezuckerte Kondensmilch (395 g)
60 g Naturjoghurt

1 Die Kondensmilch in eine große Schüssel gießen. Die Dose zweimal mit heißem Wasser und einmal mit kaltem Wasser füllen und in die Schüssel ausleeren. Alles gut durchrühren, dann den Joghurt unterrühren. Durch ein Sieb in zwölf kleine Gläser (oder in ein großes Glas) gießen und die Gläser verschließen.

2 Die Gläser in einen großen Topf stellen und so viel kochendes Wasser dazugießen, dass sie dreiviertelhoch im Wasser stehen. Den Topf mit einem Deckel verschließen und für 8 Stunden oder über Nacht beiseitestellen.

3 Die Gläser herausnehmen und in den Kühlschrank stellen, bis der Joghurt fest und durchgekühlt ist.

Für 4 Personen

CHUỐI CHIÊN DỪA

Frittierte Bananen mit Kokosnuss

Eins meiner Lieblingsdesserts. Ich verschlinge es tellerweise – nicht unbedingt eine gute Idee, denn diese Bananen sind recht gehaltvoll. Das Tolle daran sind die unterschiedlichen Texturen: weiche Banane, knuspriger Teig, erfrischendes Eis und salziger Karamell, genau in der richtigen Mischung. Das muss man einfach lieben!

4 Bananen
2 l Pflanzenöl, zum Frittieren
Vanilleeis, zum Servieren
Salzkaramell (siehe Seite 189), zum Servieren
Kokosspäne zum Servieren

Ausbackteig
150 g Mehl
90 g Reismehl
15 g Kokosspäne
1 EL Zucker
1 Prise Salz
375 ml Sodawasser
1 EL Sesamsamen

1 Für den Ausbackteig die Zutaten in einer großen Schüssel verquirlen. Den Teig 20–30 Minuten ruhen lassen.

2 Die Bananen schälen und der Länge nach halbieren. Jeweils eine Hälfte zwischen zwei Lagen Frischhaltefolie legen und mit der Hand zu einer Scheibe flach drücken.

3 Die Bananenstücke in den Ausbackteig tauchen, sodass sie gut damit überzogen sind.

4 In einem großen Topf das Öl auf 180 °C erhitzen – die Temperatur mit einem Küchenthermometer kontrollieren. Die Bananenstücke portionsweise 3–4 Minuten frittieren, bis sie goldbraun sind.

5 Zum Servieren die Bananenstücke mit einer Kugel Eis auf Teller verteilen, mit Salzkaramell beträufeln und mit Kokosspänen bestreuen.

CÀ PHÊ CARAMEL

Crème Caramel mit Kaffee

Für 8 Personen

Die vietnamesische Version eines französischen Klassikers. Der Kaffee verleiht dieser Crème Caramel ein wundervolles Aroma. Probieren Sie nach Möglichkeit vietnamesischen Kaffee – Trung Nyuyen ist eine weit verbreitete Marke, ebenso wie Saigon –, den ich in meinen Restaurants *Pho Nom* und *Annam* serviere. Ansonsten können Sie natürlich auch italienischen Espresso verwenden.

175 g Zucker, plus mehr zum Servieren
60 ml frisch gekochter Espresso
2 Eier
3 Eigelb
250 ml Milch (3,8 %)
340 ml Schlagsahne
2 TL Kaffeebohnen, grob zerstoßen

1 In einen Topf 100 g Zucker und 60 ml Wasser geben und bei niedriger Temperatur unter Rühren erhitzen, bis sich der Zucker aufgelöst hat, dann nicht mehr weiterrühren. Die Temperatur auf mittlere Stufe stellen und warten, bis der Zucker karamellisiert; das dauert 10–15 Minuten. Dann den Espresso unterrühren und den Karamell 5 Minuten köcheln lassen. Den Kaffee-Karamell vorsichtig auf acht kleine Soufflé-förmchen (150 ml) verteilen.

2 Den Backofen auf 120 °C (Ober-/Unterhitze) vorheizen.

3 In einer Schüssel die Eier, das Eigelb und den restlichen Zucker verquirlen.

4 Die Milch, die Sahne und die Kaffeebohnen in einen Topf geben und zum Sieden bringen (nicht aufkochen lassen). Durch ein Sieb in einen Krug gießen und unter Rühren allmählich die Eiermischung dazugießen. Die Mischung auf die Förmchen verteilen.

5 Die Förmchen in ein tiefes Backblech oder einen großen Bräter setzen und so viel heißes Wasser angießen, das es bis zur halben Höhe der Förmchen reicht. Die Crème im Ofen 40 Minuten garen, bis sie gerade fest ist (in der Mitte darf sie sich noch ein bisschen bewegen).

6 Die Förmchen aus dem Wasserbad nehmen und im Kühlschrank mindestens 2 Stunden abkühlen lassen, besser noch über Nacht.

7 Zum Servieren mit einem Messer am Rand der Förmchen entlangfahren und die Crème Caramel auf Dessertteller stürzen.

KAFFEE

Kaffee spielt im Alltag der Vietnamesen eine wichtige Rolle. Man besucht gern Coffeeshops, wo man Freunde trifft, eine Partie Schach spielt oder einfach das Leben auf der Straße beobachtet.

Vietnam ist der zweitgrößte Kaffeeproduzent der Welt. Das wichtigste Anbaugebiet befindet sich im Bergland rund um Dà Lat. Von dort stammt auch der berühmte Schleichkatzenkaffee.

In Vietnam wird Kaffee meist in einem Perkolator aufgebrüht, einer Art Filter, der auf die Tasse gesetzt wird (siehe Seite 200). Man bekommt ihn im Asiamarkt.

CÀ PHÊ SỮA ĐÁ

Vietnamesischer Eiskaffee

Für 1 Person

gesüßte Kondensmilch
2 TL gemahlene Kaffeebohnen
zerstoßenes Eis, zum Servieren

1 Die Kondensmilch in ein Glas gießen – die Menge bestimmen Sie selbst, ganz nach Belieben.

2 Einen Kaffee-Perkolator auf das Glas setzen und den gemahlenen Kaffee hineingeben. Mit kochendem Wasser auffüllen.

3 Wenn das Wasser durchgelaufen ist, den Perkolator abnehmen. Den Kaffee kräftig durchrühren, zerstoßenes Eis nach Geschmack dazugeben und die kühle Erfrischung genießen.

SỮA CHUA CÀ PHÊ

Kaffee mit Frozen Joghurt

Für 1 Person

3 EL vietnamesischer Joghurt (siehe Seite 192)
2 TL gemahlene Kaffeebohnen
zerstoßenes Eis, zum Servieren

1 Den Joghurt 2–3 Stunden tiefkühlen, bis er durchgefroren ist.

2 Einen Kaffee-Perkolator auf ein Glas setzen, den gemahlenen Kaffee hineingeben und mit kochendem Wasser aufgießen.

3 Wenn das Wasser durchgelaufen ist, den Perkolator abnehmen. Zum Servieren das Glas zur Hälfte mit zerstoßenem Eis füllen und den gefrorenen Joghurt dazugeben.

CÀ PHÊ TRỨNG

Eier-Kaffee

Für 1 Person

2 TL gemahlene Kaffeebohnen
2 Eigelb
3 EL gesüßte Kondensmilch

1 Eine Kaffeetasse in eine Schüssel mit heißem Wasser stellen (so bleibt der Kaffee länger warm). Einen Kaffee-Perkolator auf die Tasse setzen, den gemahlenen Kaffee hineingeben und mit kochendem Wasser auffüllen.

2 Das Eigelb kräftig mit der Kondensmilch verquirlen, bis die Masse hell und schaumig ist.

3 Wenn das Wasser durchgelaufen ist, den Perkolator abnehmen. Mit einem Löffel vorsichtig die Eigelbmasse auf den Kaffee geben.

4 Jetzt kann man entweder alles mischen oder zuerst die süße Eigelbmasse mit einem Löffel essen und dann den schwarzen Kaffee trinken – ganz wie Sie möchten.

Vietnamesischer Eiskaffee

Kaffee mit Frozen Joghurt

Eier-Kaffee

BASICS

Die folgenden kleinen Extras sind Bestandteil vieler Rezepte in diesem Buch. Sie gehören zur authentischen vietnamesischen Küche einfach dazu und werden vielfältig eingesetzt.

Machen Sie sich mit diesen Basics vertraut und Sie werden besser verstehen, worum es in der vietnamesischen Küche eigentlich geht. Außerdem können Sie, wenn Sie nach Vietnam reisen, all diese unbeschrifteten Gläser identifizieren, die an den Straßenständen herumstehen!

In meinen Restaurants muss sich jeder damit auskennen, darauf lege ich Wert. Und Ihnen empfehle ich, ruhig größere Mengen von diesen kleinen Leckereien herzustellen. Die meisten halten sich einige Zeit und sind vielseitig verwendbar.

NƯỚC MẮM

Nuoc-Mam-Dipsauce

Ergibt 600 ml

2 Knoblauchzehen, fein gehackt
3 Bird's-Eye-Chilischoten, fein gehackt oder in Ringe geschnitten
150 ml Fischsauce
100 ml heller Essig
140 g Zucker

1 Sämtliche Zutaten mit 200 ml Wasser in einer Schüssel verrühren, bis sich der Zucker aufgelöst hat.

2 Luftdicht verschlossen hält sich die Sauce im Kühlschrank bis zu 2 Wochen.

SATE XÃ

Zitronengras-Saté

Ergibt etwa 2 l

Davon sollte man immer ein Glas im Kühlschrank haben. Die Sauce eignet sich als Marinade für Fleisch oder Fisch, die gegrillt werden sollen, zu Suppen, aber auch als Dipsauce. Bereiten Sie ruhig die gesamte Menge zu – was nicht sofort verbraucht wird, hält sich in einem sterilisierten Glas im Kühlschrank bis zu 6 Monate. Ich mache gern eine größere Portion Zitronengras-Saté zum Verschenken.

6 Stängel Zitronengras, nur das Weiße, in Ringe geschnitten
15 lange rote Chilischoten, in Ringe geschnitten
6 Bird's-Eye-Chilischoten, in Ringe geschnitten
3 Zwiebeln, gehackt
12 Knoblauchzehen
1,5 l Pflanzenöl
150 ml Fischsauce

1 Im Mixer jeweils separat das Zitronengras, die langen Chilischoten, die Bird's-Eye-Chilischoten, die Zwiebeln und den Knoblauch pürieren.

2 Die pürierten Zwiebeln in ein Stück Musselin wickeln und überschüssige Flüssigkeit ausdrücken.

3 In einem großen Topf das Öl auf 80 °C erhitzen – die Temperatur mit einem Küchenthermometer kontrollieren. Während des folgenden Garprozesses regelmäßig umrühren, damit nichts ansetzt. Die ausgepressten Zwiebeln in das Öl geben und 10 Minuten garen. Den Knoblauch hinzufügen und 5 Minuten garen. Alle Chilischoten dazugeben und 20–30 Minuten garen. Zum Schluss das Zitronengras dazugeben und 20 Minuten garen. Das Saté sollte jetzt dunkelrot sein.

4 Zum Abkühlen beiseitestellen, dann in ein sterilisiertes Glas füllen und verschließen. Im Kühlschrank hält sich das Saté bis zu 6 Monate.

Ergibt 125 ml

MỠ HÀNH

Frühlingszwiebel-Öl

3 Frühlingszwiebeln, in dünne Scheiben geschnitten
1 Prise Salz
100 ml Pflanzenöl

1 Die Frühlingszwiebeln und das Salz in eine hitzebeständige Schüssel geben.

2 Das Öl in einem kleinen Topf auf 150 °C erhitzen – die Temperatur mit einem Küchenthermometer kontrollieren. Das Öl über die Frühlingszwiebeln gießen und umrühren. Bis zur weiteren Verwendung beiseitestellen.

3 Das Frühlingsziebel-Öl sollte am selben Tag verbraucht werden.

Ergibt 400 g

BƠ

Mayonnaise

4 Eigelb
1 Prise Salz
400 ml Pflanzenöl, eventuell etwas mehr

1 Das Eigelb und das Salz in den Mixer geben und vermischen.

2 Während der Mixer weiterläuft, langsam das Öl in einem dünnen Strahl dazugießen. Die Mayonnaise sollte dick und fest werden und weicher Butter gleichen. Falls nötig, noch etwas mehr Öl dazugeben, bis die Mayonnaise die richtige Konsistenz hat.

3 In einem luftdicht verschlossenen Gefäß im Kühlschrank hält sich die Mayonnaise 2–3 Tage, aber vermutlich ist sie vorher aufgegessen!

PÂTÉ

Hühnerleberterrine

Ergibt etwa 750 g

50 ml Pflanzenöl
250 g Hühnerleber
75 g Zwiebel, fein gehackt
50 g Knoblauch, fein gehackt
2 EL Cognac
50 g Schweinehack
75 g grüner Speck ohne Schwarte, fein gehackt
1 Ei
125 g Toastbrot, entrindet und in Milch (3,8 %) eingeweicht

1 In einer Pfanne 2 EL Öl bei mittlerer bis hoher Temperatur erhitzen. Die Hühnerleber darin 3–5 Minuten braten, bis sie goldbraun und durchgegart ist. Aus der Pfanne nehmen und beiseitestellen.

2 In der Pfanne das restliche Öl erhitzen und die Zwiebel darin 3–5 Minuten braten, bis sie duftet. Dann den Knoblauch hinzufügen und 2–3 Minuten mitbraten. Die Leber zurück in die Pfanne geben, die Pfanne schwenken, damit sich alles vermischt. Vorsichtig den Cognac dazugießen und flambieren – sicherheitshalber ein bisschen Abstand halten. Die Pfanne schwenken, bis die Flammen erlöschen. Die Mischung in eine große Schüssel umfüllen und zum Abkühlen beiseitestellen.

3 Das Hackfleisch, den Speck, das Ei und das Brot dazugeben und alles gut vermengen. Die Masse in den Mixer geben und fein zerkleinern.

4 Den Backofen auf 180 °C (Ober-/Unterhitze) vorheizen. Eine Kastenform (25 × 12 cm) mit Alufolie auslegen und die Masse hineinfüllen. Mit Alufolie abdecken.

5 Die Form in einen großen Bräter stellen und so viel heißes Wasser dazugießen, dass es bis zur halben Höhe der Form reicht. Die Terrine mit Alufolie abdecken und für 1 Stunde in den heißen Ofen schieben. Dann sollte sie fest und durchgegart sein. Ist das nicht der Fall, lässt man sie noch etwas länger im Ofen.

6 Die Terrine bei Raumtemperatur vollständig auskühlen lassen, dann in der Form über Nacht in den Kühlschrank stellen. Am nächsten Tag die Terrine aus der Form lösen und die Folie abnehmen. Die Terrine in Scheiben schneiden. In einem luftdicht verschlossenen Gefäß im Kühlschrank hält sie sich 3–4 Tage.

Ergibt 1,3 kg

ĐỒ CHUA

Karotten-Rettich-Pickles

1 kg Karotten, in streichholzgroße Stäbchen geschnitten
300 g Daikon-Rettich, in streichholzgroße Stäbchen geschnitten

Einlegeflüssigkeit
150 ml heller Essig
100 g Zucker

1 Für die Einlegeflüssigkeit den Essig und den Zucker in einer Schüssel mit 100 ml Wasser verrühren, bis sich der Zucker aufgelöst hat.

2 Die Karotten und den Rettich in ein Sieb geben und 5 Minuten unter fließendem warmem Wasser abspülen, dann gut abtropfen lassen und mit Küchenpapier trockentupfen. In ein säurebeständiges Gefäß geben.

3 Die Einlegeflüssigkeit dazugießen und das Gefäß abdecken. Die Pickles 2 Tage im Kühlschrank durchziehen lassen, dann sind sie servierfertig.

4 Die Pickles halten sich im Kühlschrank bis zu 2 Wochen.

Anmerkung: Die Einlegeflüssigkeit kann man auch für andere Pickles verwenden, wie grüne Papaya oder Kohlrabi.

ĐÌNH CỔ VŨ
DC gallery
SNOW
87

BÚN BÒ HUẾ
Beef Rice Noodles
HỦ TÍU MÌ
Noodle Soup

HÀNH PHI

Röstzwiebeln

Ergibt 50 g

300 ml Pflanzenöl
4 Schalotten, in dünne Ringe geschnitten

1 In einem kleinen Topf das Pflanzenöl auf 170 °C erhitzen – die Temperatur mit einem Küchenthermometer kontrollieren.

2 Die Schalotten in das Öl geben und 7–8 Minuten frittieren, bis sie goldbraun sind. Dabei ständig rühren, um die Zwiebelringe voneinander zu trennen.

3 Die fertigen Röstzwiebeln mit einem Schöpflöffel aus dem Öl heben und auf einen mit Küchenpapier ausgelegten Teller geben. Die Ringe mit zwei Gabeln verteilen, damit sie in der Resthitze nicht zusammenkleben.

4 Die Röstzwiebeln halten sich in einem luftdicht verschlossenen Gefäß 2–3 Tage.

Knoblauchöl

Ergibt 250 ml

200 ml Pflanzenöl
10 Knoblauchzehen, zerdrückt

1 In einem kleinen Topf das Pflanzenöl auf 70 °C erhitzen – die Temperatur mit einem Küchenthermometer kontrollieren.

2 Den Knoblauch dazugeben und unter Rühren 5 Minuten garen, bis er goldgelb ist. Vom Herd nehmen und zum Abkühlen beiseitestellen.

3 Das Knoblauchöl hält sich in einem luftdicht verschlossenen Gefäß bis zu 4 Tage.

Ergibt 60 g

RUỐC TÔM

Garnelenfäden

100 g getrocknete Garnelen

1 Die Garnelen in einer Schüssel mit kaltem Wasser 3 Stunden oder über Nacht einweichen. Dann abtropfen lassen und mit Küchenpapier trockentupfen.

2 Die Garnelen im Mixer fein zerkleinern.

3 Eine große Pfanne bei niedriger Temperatur erhitzen und die Garnelenn darin unter ständigem Rühren 10 Minuten garen, bis sie trocken sind.

4 In einem luftdicht verschlossenen Gefäß halten sich die Garnelenfäden bei Zimmertemperatur bis zu 1 Woche.

Ergibt 100 g

ĐẬU PHỘNG RANG

Geröstete Erdnüsse

100 g Erdnusskerne, enthäutet

1 Den Backofen auf 180 °C (Ober-/Unterhitze) vorheizen.

2 Die Erdnüsse auf einem Backblech verteilen und 10–15 Minuten rösten, bis sie goldbraun sind. Im Auge behalten, damit sie nicht verbrennen.

3 Herausnehmen und zum Abkühlen beiseitestellen, dann grob zerdrücken.

4 In einem luftdicht verschlossenen Gefäß halten sich die gerösteten Erdnüsse bei Zimmertemperatur 1–2 Wochen.

NƯỚC MẮM ỚT XANH

Ergibt 300 ml)

Dipsauce mit grünen Chilis

2 lange grüne Chilischoten, grob gehackt
2 Knoblauchzehen, grob gehackt
3 EL Zucker, eventuell etwas mehr
2 EL frisch gepresster Limettensaft, eventuell etwas mehr
3 EL Fischsauce, eventuell etwas mehr

1 Alle Zutaten im Mixer glatt pürieren.

2 Die Sauce abschmecken – sie sollte süß, sauer, salzig und scharf sein. Falls nötig noch etwas Zucker, Limettensaft oder Fischsauce dazugeben.

3 In einem luftdicht verschlossenen Gefäß im Kühlschrank hält sich die Sauce 2–3 Tage.

DẦU HẠT ĐIỀU

Ergibt 200 ml

Annatto-Öl

200 ml Pflanzenöl
1 TL Annattosamen

1 Das Pflanzenöl in einem kleinen Topf auf 70 °C erhitzen – die Temperatur mit einem Küchenthermometer kontrollieren.

2 Die Annattosamen in den Topf geben und 5 Minuten erhitzen, bis das Öl leuchtend orange ist.

3 Vom Herd nehmen und durch ein feines Sieb in ein Glas abgießen; die Samen entsorgen.

4 Das Öl hält sich in einem luftdicht verschlossenen Glas im Kühlschrank 2–3 Tage.

Ergibt 500 ml

MẮM NÊM

Mam-Nem-Dressing

20 g Ingwer
20 g Knoblauch
20 g lange rote Chilischoten
350 g Ananas, geschält, das holzige Innere entfernt, grob gehackt
100 ml Kokoswasser
150 ml *mam nem* (Sardellensauce)
150 ml Zitronenlimonade

1 Ingwer, Knoblauch, Chili und Ananas in den Mixer geben und grob pürieren. In einen Topf umfüllen, die übrigen Zutaten hinzufügen und alles bei mittlerer Temperatur erhitzen. 20–30 Minuten köcheln lassen, bis das Dressing eingedickt ist und aromatisch duftet.

2 Vom Herd nehmen und vollständig abkühlen lassen. Das Dressing hält sich in einem luftdicht verschlossenen Gefäß im Kühlschrank 2–3 Tage.

DANK

In diesem Buch steckt ganz viel Herzblut, und allein hätte ich diese Aufgabe niemals bewältigen können. Folgenden Menschen danke ich ganz besonders:

meiner Frau Eliza für ihre Liebe und ihre Unterstützung. Ohne sie wäre das alles nicht möglich. Sie ist mein Fels in der Brandung und die beste Mutter, die unser Sohn sich wünschen kann;

meinen Eltern, die meine schärfsten Kritiker sind. Ihnen verdanke ich meine kulinarische Inspiration;

meiner guten Freundin und Managerin Olivia Hardie für ihre unerschöpfliche Geduld und Unterstützung. Ohne ihre harte Arbeit gäbe es dieses Buch nicht;

den Küchen- und Service-Teams in meinen Restaurants *Pho Nom* und *Annam.* Ich schätze ihre Sorgfalt und den Enthusiasmus, mit dem sie mich dabei unterstützen, unseren Gästen meine Vorstellung von vietnamesischer Küche zu vermitteln;

meinen guten Freundinnen Suzanne Roney, Rani Doyle, Chloe Boulton, Simone Ardern, Chris Donnellan und Kate Whalen – auf sie war immer Verlass, in jeder Hinsicht;

Paul McNally, Verleger von Smith Street Books, der mir die Möglichkeit gab, mein erstes Buch über ein Thema zu schreiben, das mir so am Herzen liegt; und Lucy Heaver, die seine Entstehung begleitet und all meine verpassten Abgabetermine mit Fassung getragen hat;

dem Fotografen Chris Middleton und der Foodstylistin Deb Kaloper; sie haben meine Vorstellung von superfrischem vietnamesischem Streetfood perfekt umgesetzt.

Ich widme dieses Buch meinem Sohn Harry. Ich kann es kaum erwarten, meine Begeisterung für die vietnamesische Küche an ihn weiterzugeben und all die Gerichte in diesem Buch für ihn zu kochen.

Jerry Mai, in Vietnam geboren und in Australien aufgewachsen, betreibt zwei Restaurants in Melbourne. Zuvor stand sie in gastronomischen Institutionen wie *Longrain, Gingerboy* und *Seamstress* am Herd.

Im Jahr 2009 machte sich Jerry nach London auf, um Erfahrungen in einigen Sternerestaurants zu sammeln, zunächst unter dem wachsamen Auge von David Thomson im *Nahm,* anschließend in dem japanischen Restaurant *Zuma,* einem berühmten Treffpunkt Londoner Rockstars. Mit vielen neuen Erfahrungen im Gepäck kehrte sie nach Melbourne zurück und begann sich der vietnamesischen Küche zu widmen, um einen ganz eigenen Stil zu entwickeln.

In Jerrys Restaurants lernt man die vietnamesische Küche aus unterschiedlichen Blickwinkeln kennen – wer das coole *Pho Nom* besucht, darf sich auf klassisches Streetfood freuen, im stylischen *Annam* bringt uns die Köchin die Rezepte ihrer Mutter nahe.

Dies ist ihr erstes Kochbuch.

B

C

D

E

F

G

L

M

N

O

P

Q

R

S

T

X

Z

Verantwortlich: Sonya Mayer
Übersetzung aus dem Englischen & Komplettproducing:
Carmen Söntgerath
Umschlaggestaltung: Leeloo Molnár, unter Verwendung
einer Illustration von Shutterstock / XXX
Korrektorat: Brigitte Mirche
Herstellung: Anna Katavic
Design: Evi O Studio | Evi O
Fotografie: Chris Middleton
Stylist: Deb Kaloper
Food-Zubereitung: Jerry Mai
Printed in Slovakia by Neografia

Sind Sie mit diesem Titel zufrieden? Dann würden wir uns über Ihre Weiterempfehlung freuen. Erzählen Sie es im Freundeskreis, berichten Sie Ihrem Buchhändler, oder bewerten Sie bei Onlinekauf. Und wenn Sie Kritik, Korrekturen, Aktualisierungen haben, freuen wir uns über Ihre Nachricht an:

Christian Verlag
Postfach 40 02 09
D-80702 München
oder per E-Mail an lektorat@verlagshaus.de

Unser komplettes Programm finden Sie unter 

Alle Angaben dieses Werkes wurden von der Autorin sorgfältig recherchiert und auf den neuesten Stand gebracht sowie vom Verlag geprüft. Für die Richtigkeit der Angaben kann jedoch keine Haftung übernommen werden, weshalb die Nutzung auf eigene Gefahr erfolgt. Sollte dieses Werk Links auf Webseiten Dritter enthalten, so machen wir uns die Inhalte nicht zu eigen und übernehmen für die Inhalte keine Haftung.

In diesem Buch wird aus Gründen der besseren Lesbarkeit das generische Maskulinum verwendet. Weibliche und anderweitige Geschlechteridentitäten werden dabei ausdrücklich mitgemeint, soweit es für die Aussage erforderlich ist.

Die Deutsche Nationalbibliothek verzeichnet diese Publikation in der Deutschen Nationalbibliografie; detaillierte bibliografische Daten sind im Internet über http://dnb.d-nb.de abrufbar.

Die englischsprachige Originalausgabe mit dem Titel *Street Food Vietnam* erschien erstmals 2019 bei Smith Street Books (smithstreetbooks.com).

ISBN 978-3-95961-414-6

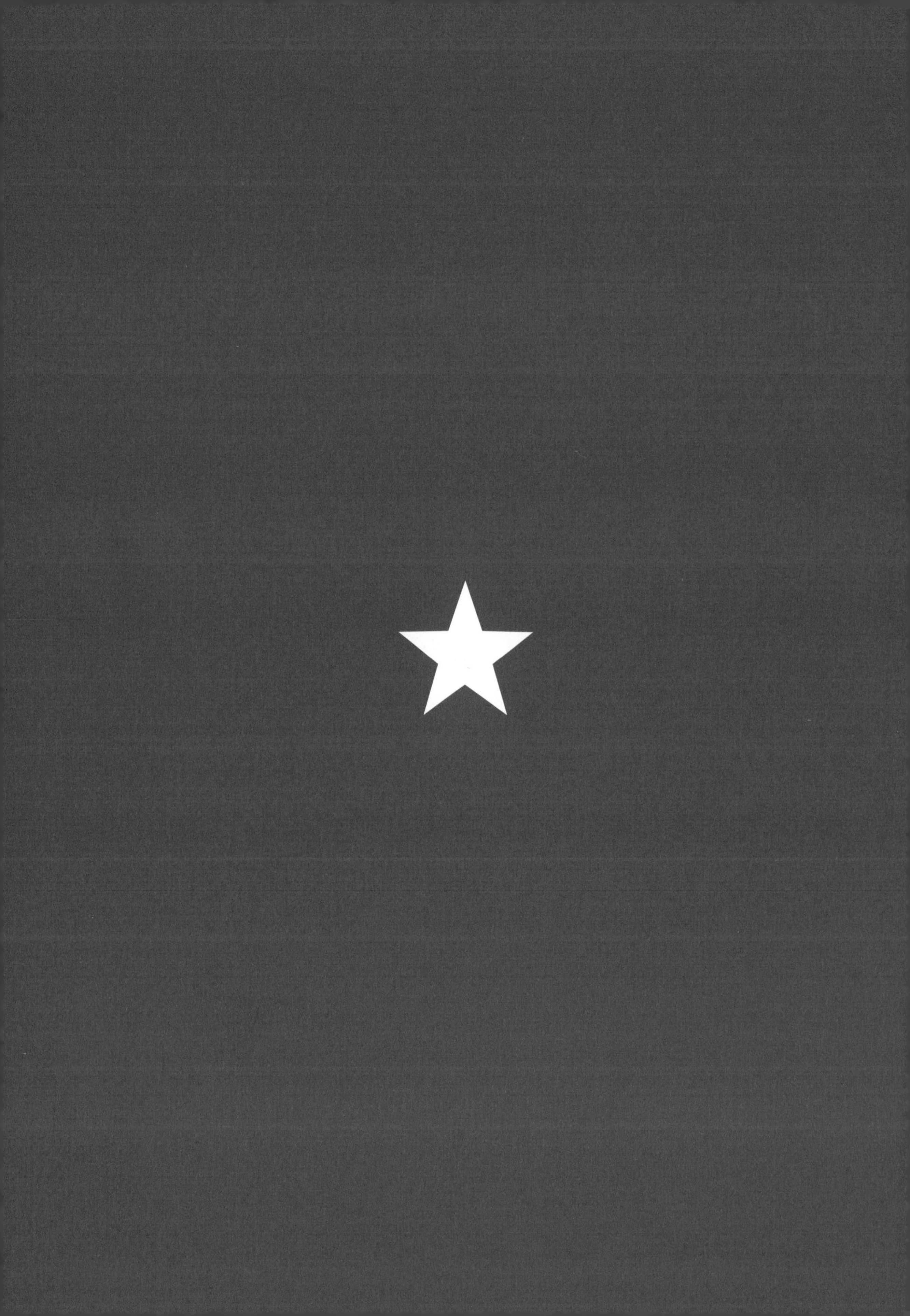